感覚統合をいかし
適応力を育てよう 3.

遊んでいるうちに
手先が器用になる!

発達障害の子の

指遊び 手遊び 腕遊び

作業療法士
監修 木村 順

健康ライブラリー スペシャル
講談社

まえがき

一九七〇年代なかばに保育や教育の分野で、「手のむし歯」という言葉が使われていました。むし歯になると、かむという本来の歯の役割が果たせなくなります。それと同じように、手が本来の役割を果たせないほど、手先が不器用になってきた子どもの姿を憂える言葉でした。

当時、私は社会福祉を学ぶ夜間学部の大学生で、日中は学童保育クラブの指導員をしていました。子どもたちの遊びを豊かに育てていこうと、「子どもの遊びと手の労働研究会」の本を読み、手をしっかりと使いこむことの大切さを学んだものでした。

また、大学時代の恩師で、子どもの発達や人間論が専門の故・近藤薫樹《こんどうしげき》教授からは、「手は第二の脳」であることや、子どもがバーチャルにではなく、「具体的なものにふれて操作する」ことの大切さを学びました。

その後、作業療法士を目指してからは、脳の機能と手の発達や、全身運動と手の器用さとの関係性などを、解剖学や生理学の裏付けをもって学びました。療育《りょういく》の現場に出てからは、感覚統合の視点からも、手の発達を学び得ました。

ちなみに、一九七〇年代当時でいう不器用とは、小学生になるのに切り出しナイフでえんぴつが削れない、年長児なのに正しい握り持ちでの雑巾しぼりができないといったものでした。その後、世代をへるごとに「手のむし歯」は深刻化し、いまの時代は「むし歯どころか、歯そのものがなくなってきた！」といってもよいのかもしれません。

本書は、それやこれやの知見と、自分が関わってきた子どもたちとの悪戦苦闘の経験をまとめたものです。すべての不器用を語りつくせてはいませんが、参考になりそうな具体策をできるかぎり紹介し、また、安易なハウトゥ本にならないよう、原理はおさえたつもりです。

せめて、ひもがむすべないから、ひもむすびの練習をさせるといった安直なとりくみに「待った！」がかかれば幸いです。大切なのは、「なぜできないの？」という原因や理由を理解して、その子にあった方法をとることです。

「手のむし歯」で苦しむ子の痛みを理解できる大人がひとりでも多く増え、その原因や理由にあわせたとりくみが功を奏し、「美味しく咀嚼《そしゃく》する」ように手を使える子どもがひとりでも多く増えていくことを、願ってやみません。

二〇一三年九月一九日(次女の十一歳の誕生日に)

作業療法士
木村 順

もくじ

2 そもそも「手の働き」ってなに？

3 指・手・腕の感覚を整える「15の遊び」

4 遊んでいるうちに「手の使い方」がわかる……87

木村先生からのMessage

木村の療育に期待しすぎないでください

1 この本では、発達障害をはじめとする、子どもの発達のつまずきへの対応として、家庭や地域でできる「遊び」を紹介しています。

1円玉をつまみ上げる「コイン遊び」は、指の機能の発達をうながすもの

2 「遊び」は、主に子どもの感覚面・運動面に働きかけて、発達をうながすもの。監修者の木村が日頃の療育指導のなかで紹介しているものです。

POINT
遊び方を調整する

この本では15種類の遊びを紹介しているが、すべて基本形で、アレンジできるもの。子どもにあわせて調整することで、本来の効果が発揮される。

STOP！

期待しすぎは危険

「療育指導」や「○○遊び」という専門性に期待しすぎて、指導者を神様のように頼ってしまう親もいるが、それは危険。方法にとらわれ、子どもを見なくなってしまう。

3

「発達をうながす療育指導としての遊び」というと、読者のなかには「それをすれば、子どもが成長するんだ！」と期待する人もいるかもしれません。

療育中に子どもの成長を目の当たりにすると、どうしても期待が高まるが……

4

　しかしそれは期待過剰です。木村の療育指導には、劇的な効果はありません。指導は少なくとも週に１回はおこない、子どもの変化にあわせて調整するもの。木村が数ヵ月に１回の教室や、数年に１冊の本で提供できるのは、参考程度の助言にすぎません。

療育指導で知ったことをもとに見通しを立て、親子で主体的にとりくんでいくのが正解！

5

　大切なのは「遊び方」そのものではなく、そのねらいや効果を理解し、見通しをもって子どもに関わること。見通しをもてば調整もでき、遊びの本来の効果が期待できるのです。

木村先生からのMessage

かえってわんぱく・おてんばになることもあります

1 木村の療育について、もうひとつ、最初にお伝えしておきたいことがあります。それは、療育が必ずしも親の期待した結果にはつながらないということです。

POINT

いまの姿と本来のキャラクターのギャップ

発達障害の特性が子どもから積極性を奪い、その子本来のキャラクターが隠れていることがある。療育がそのキャラクターを引き出す場合がある。

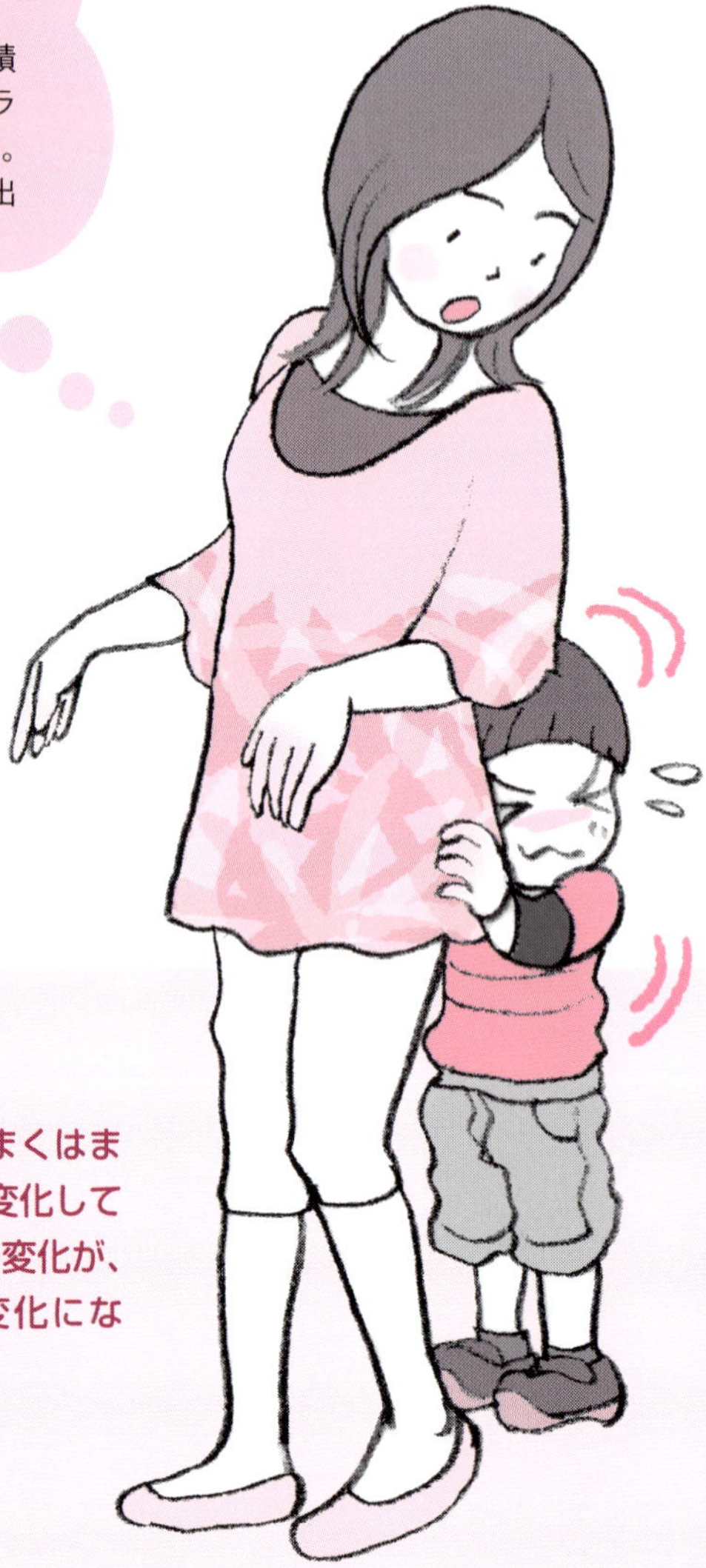

療育指導の初日は、親のかげに隠れてあいさつもできない子だったが……

2 木村の「遊び」がうまくはまれば、子どもの状態は変化していきます。しかし、その変化が、親にとって好ましい変化になるとはかぎりません。

3

「遊び」によって、子どもは体の使い方を身につけていきます。そうすると、なかには親の期待に反して、わんぱく・おてんばに姿を変える子もいるのです。

ブラシなどで子どもの皮膚を刺激する「タッチング」遊びをすると、その子の触覚の過敏性がやわらぐ場合がある

POINT

必ずしも「改善」ではない

「遊び」の効果は、発達の土台を整えること。それが必ずしも親にとっての育てやすさの「改善」につながるわけではない。

4

一見おとなしく親の言うことを聞いていた不器用な子が、療育によって手足や体の使い方が器用になるにつれ、自信がつき、言うことを聞かなくなることがあります。療育に期待していた親は、びっくりすることもあるでしょう。

5

子どもの発達とは、そういうものです。ですから、木村の療育は親の悩みをすべて解決するような、魔法のとりくみではないということを、お伝えしているんです。

触覚の過敏性がやわらいだことで、なんでも積極的にさわるように。親が止めても走りだすくらい、やんちゃになってきた

木村先生からのMessage

日々の生活のなかでできることがあります

1 療育指導は、とりくみはじめのころ、目覚ましい効果を見せることがあります。しかし、その効果を持続させるためには、療育指導の内容を日々のくらしや遊びのなかにとり入れる必要があります。

鉄棒を使った「ブタの丸焼き」ポーズは手や足、体の器用さの基礎づくりに役立つ。おへそを見るようにしてあごを引き、手足を曲げてつかまるのがポイント

2 この本の「遊び」は、あくまでも一例。遊びをどう活用するかは、読者のみなさん次第です。親子だけではアレンジに限界がありますから、身近な指導者に相談しながら、とりくんでいってください！

既刊２冊でも遊びを多数紹介

この本の「遊び」は、主に手の器用さに働きかけるもの。そのほかに、既刊２冊でも遊びを多数紹介しています。『発達障害の子の感覚遊び・運動遊び』は姿勢の乱れや集中力など、『発達障害の子の読み書き遊び・コミュニケーション遊び』は読み書きや会話などに働きかけるものです。

1

「手先が不器用」な子どもたち

着替えや書きとり、工作などの手作業を苦手とする子がいると、
大人は「手先が不器用なんだな」とひとくくりにしがちです。
しかし、手先の不器用さの背景には、
指・手・腕・体のさまざまな機能の、発達のつみ残しがひそんでいます。
悩みの詳細をみていく必要があります。

不器用なままだと、この先なにが困るのか

手先が不器用だからといって、生きていけないわけではないでしょう。しかしそのままでは、子どもはつらい体験を重ねていきます。

生活・学習への苦手意識ができる

手先の不器用さは、生活・学習のさまざまな場面のつまずきにつながります。

折り紙で遊ぶのが苦手。それだけでは大問題にはならないかもしれないが、その不器用さはあらゆる活動につながっていく

手先の不器用さ

生活面

食事や着替え、トイレなどを自分でできるようになること（身辺《しんぺん》自《じ》立《りつ》）のつまずき

↓

生活のさまざまな場面への苦手意識の高まり。自分からすすんで作業をすることが減る

学習面

読み書きや、数量・図形の認知、描画など基礎学習能力のつまずき

↓

学習のさまざまな場面への苦手意識の高まり。教科学習についていけなくなる

自己肯定感の低下、自尊心のゆらぎ

学びづらさを軽減したい

手作業が苦手な子は、生活面・学習面ともに学びづらさを感じています。遊びを通じて手の機能を整えることで、そのつらさが軽減されます。

不器用だという自覚があり、失敗したくないため、チャレンジをさけてしまう。それも学習の不足につながる

自然には学び直しができない
誤学習
（学び誤り）

器用な子、発達につまずきのない子は、間違って覚えたことがあっても、自分で修正する力が強い。いっぽうで不器用な子、とくに発達障害がある子は、学び誤ったことが固定化しやすい。本人の努力だけでは修正が難しい。

自然には身についていかない
未学習
（学ばずじまい）

不器用な子、とくにその背景に発達障害（P14参照）がある子は、脳の配線回路につながりの悪さがあり、通常の生活体験のなかで、本人が努力するだけでは、発達課題を学ばずじまいになることがある。

「不器用」にもいろいろある

本書は手先の器用さを解説していますが、子どもたちを「器用」と「不器用」の二グループに単純に分けることなどできません。

コマやけん玉を使って、一見、器用に遊んでいても、じつはその動作をパターン学習しただけで、ほかのことには手をうまく使えていないという子もいます。

子どもの状態によって、整えたい機能、役立つ遊びは異なります。指導者はそれを見極めて、親子にアドバイスをしましょう。

学びづらさがある子には個別の配慮が必要

とくに、不器用さの背景に発達障害がある子どもの場合には、状態をよく見て、個別の配慮をする必要があります。発達障害の子には、手先の不器用さ以外にも特性があり、それが学びづらさをつくり出すことが多いからです。

なぜ発達障害の子に不器用な子が多いのか

LDなどの発達障害がある子には、手先の不器用さに悩む子が多いのですが、それは「発達性協調運動障害」という障害を重複しやすいためです。

発達障害とグレーゾーン

発達障害の子と、いわゆる健常児の間には、明確な境界線はありません。どちらともいえないグレーゾーンが大きく、障害に気づかれていない子も多数いるといわれています。

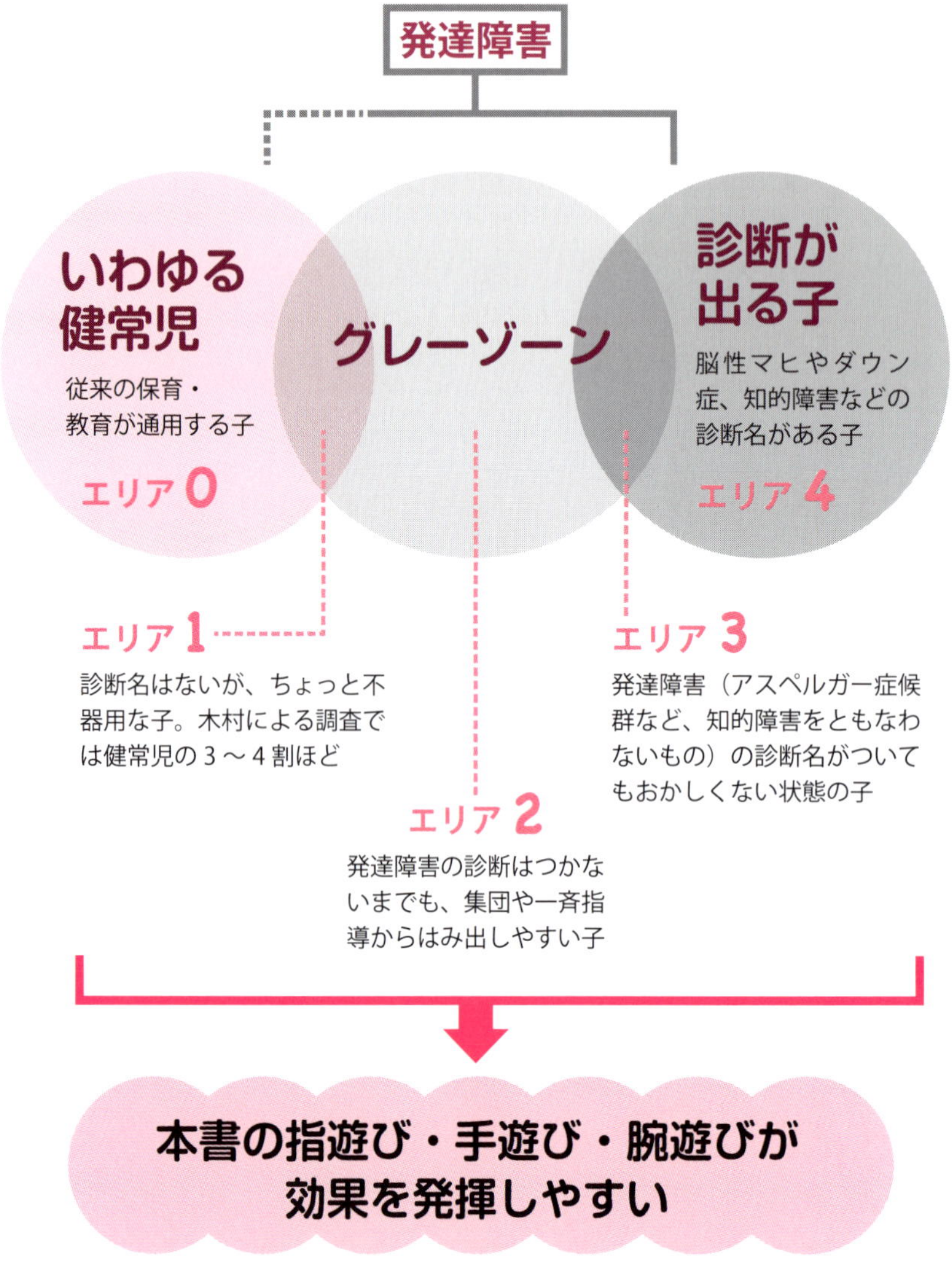
発達障害
いわゆる健常児
従来の保育・教育が通用する子
エリア0
グレーゾーン
診断が出る子
脳性マヒやダウン症、知的障害などの診断名がある子
エリア4
エリア1
診断名はないが、ちょっと不器用な子。木村による調査では健常児の3～4割ほど
エリア3
発達障害（アスペルガー症候群など、知的障害をともなわないもの）の診断名がついてもおかしくない状態の子
エリア2
発達障害の診断はつかないまでも、集団や一斉指導からはみ出しやすい子
本書の指遊び・手遊び・腕遊びが効果を発揮しやすい

※文部科学省は通常学級内の発達障害の子の割合について、2002年に6.3%、2012年に6.5%と発表している。どちらもエリア3の子だと考えられる。

「発達性協調運動障害」がある

発達障害の一種に、発達性協調運動障害があります。体の使い方に困難がある状態のことです。この障害は、LD や AD/HD、アスペルガー症候群などの発達障害と重複しやすいものです。

発達障害

生まれながらに脳機能のトラブルがあり、適応力のつまずきを生じている状態

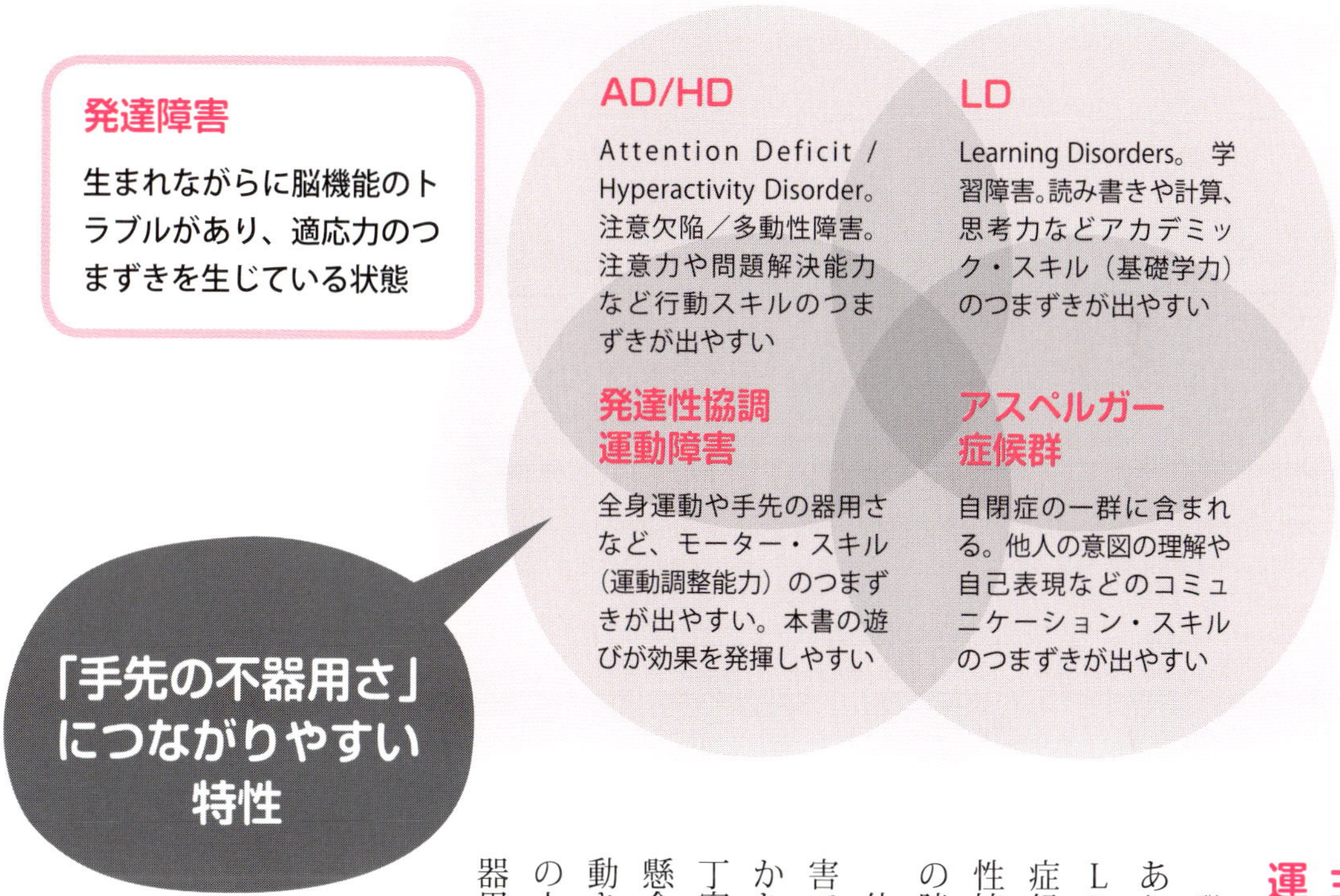
AD/HD
Attention Deficit / Hyperactivity Disorder。注意欠陥／多動性障害。注意力や問題解決能力など行動スキルのつまずきが出やすい
LD
Learning Disorders。学習障害。読み書きや計算、思考力などアカデミック・スキル（基礎学力）のつまずきが出やすい
発達性協調運動障害
全身運動や手先の器用さなど、モーター・スキル（運動調整能力）のつまずきが出やすい。本書の遊びが効果を発揮しやすい
アスペルガー症候群
自閉症の一群に含まれる。他人の意図の理解や自己表現などのコミュニケーション・スキルのつまずきが出やすい
「手先の不器用さ」につながりやすい特性

主要な特性のひとつが運動面のつまずき

発達障害にはさまざまな種類があります。よく知られているのはLDやAD／HD、アスペルガー症候群ですが、そのほかに「発達性協調運動障害」という、運動面の障害があります。

体の動きの調整が困難になる障害で、全身運動にも、指先のこまかな動きにも関わります。本人が丁寧に体を動かそうとして、一生懸命にがんばっても、ぎこちない動きになってしまいます。まわりの人の目には、動きが雑な子、不器用な子というふうに映ります。

この障害が、手先の不器用さの背景になります。発達障害はすべて脳機能のトラブルのため重複しやすく、たとえばLDと診断されている子が、手先の不器用さをあわせもつ可能性は高いのです。

練習をしても、はしが上手に使えない

手先の不器用さとして最初に目立つのは、食事のときのぎこちなさ。はしやスプーンを持って動かすことが、上手にできません。

Aちゃんの場合

7歳女子。日ごろ、行儀はよいのだが、食事のときの動作、とくにはし使いがぎこちなく、そのせいでだらしなく見えてしまう。

1

まわりの子がはしを使いはじめているなか、Aちゃんはまだはしをうまく使えず、食べ物をよくこぼしている。

2

はしが×の形になるように、クロスさせて持ってしまう。そのまま食べ物をつかもうとするが、難しい。食べ物をポロポロとこぼしながら食事をする。

はしの操作がうまくできない。食べ物がつかめず、食べるのに時間がかかる

3

親はAちゃんに、はしの持ち方・使い方を何度も教えた。市販のしつけ用はしも活用。手本を見せ、練習もさせたが、効果がなく、悩んでいる。

食べ方がぎこちない

手先が不器用な子は、食べるのが遅かったり、食べ方が汚かったりして、大人に注意されることがよくあります。食べ方の悩みで、はじめてわが子の不器用さに気づいたという親もよくいます。

スプーンを逆手に持つ。食べ物がなかなかすくいとれず、背中を曲げ、皿に口を近づけて食べようとする

よくある悩み

- スプーンを上手に使えない
- コップの飲み物を口に運ぶ途中でこぼす
- 食べるときに食器でカチャカチャと音を立てる

どうして上達しないの？

親指側と小指側の使い分けが未発達

はしを上手に使えないのは、Ⓐ指の機能の使い分けができていないから。はしは親指・人差し指で操作するものです。薬指・小指は、はしを支えています。この2つの働きを整える必要があります。Ⓑにぎる動作やⒸ目と手の協応（P50参照）の未発達も、はしやスプーンの使いにくさにつながります。

↓ もしくは

姿勢の維持・調整が苦手

対応

Ⓐ指の使い分けを身につけるためには、P60 **ペン遊び**や P58 **コイン遊び**が有効。Ⓑは P76 **かんたん腕立てふせ**で基礎づくり、P74 **ブランコ遊び**で発達をうながす。Ⓒには P62 **抜きとり遊び**が役立つ。

ボタンやファスナーのとめはずしが苦手

生活面では、着替えの手つきがぎこちないことも、目立ちます。手の機能の問題で、ほかの子よりも時間がかかります。

Bくんの場合

4歳男子。服を脱ぐことは問題なくできているが、着るときにボタンやファスナーをとめたりはずしたりするのは苦手。

1

Bくんがとくに苦手としているのが、ボタンの多い服。ボタン一つひとつをとめることに手間どる。

2

ほかの子よりも着替えに時間がかかり、ボタンをとめる位置も間違えてしまう。

ほかの子が着替え終わって活動をはじめているのに、着替えが終わらない

3

仕方なく、大人に着替えを手伝ってもらうこともある。親は、いつまでも手を貸していてよいのかと悩んでいる。

ひとりでは着替え終わらない

Bくんのような子は衣類のなかでも、とくに小さなボタンやファスナー、ひもなどの扱いに手間どります。年齢相応の動作が身についていきません。

ファスナーのとめはずし動作がぎこちない

上着やズボンの着替えに時間がかかる

小学生になってからも、くつひもがむすべない

よくある悩み

ファスナーをとめることが、何度やってもうまくいかない

どうして時間がかかるの？

「触覚－固有覚系」と「パワーピンチ」の未発達

ボタンやファスナーのとめはずしには、Ⓐ手先の感覚でものを操作する「触覚－固有覚系」の働きと、Ⓑボタンやファスナーをしっかりとつまむ「パワーピンチ」の動作が必要です。上着やズボンの着替えにはⒸ全身のボディイメージ（P46参照）、くつひもをむすぶことには指の機能の使い分けが関わります。

↓ もしくは

利き側・非利き側が確立できていない

対応

Ⓐには手先を動かすP66～71の**手探り遊び**、P64**砂文字なぞり**が役立つ。ⒷはP58**コイン遊び**で育つ。ⒸにはP80**トンネルくぐり**が有効。穴に体を通す体験が、着替えの上達につながる。

3 トイレの悩み

トイレのとき、服をぬらしてしまうことが多い

子どもをトイレに行かせると、服を少しぬらして戻ってくる。深刻な悩みではないかもしれませんが、これも遊びで対応できることです。

Cくんの場合

6歳男子。ズボラで、こまかいことを気にしない。動作が全般的に粗雑。食事やトイレのとき、服を汚してしまうことが多い。

1

Cくんはトイレで、ズボンやパンツにおしっこをかけ、ぬらしてしまうことがよくある。外出するときには親が着替えを持っていく。

おしっこが便器にうまく入らず、少しだけズボンをぬらしてしまった

2

Cくんは言葉で説明すればものごとを理解できるので、親はこれまでに何度も注意している。本人も気をつけてはいるが、なかなか直らない。

3

イタズラでぬらしているわけではないので、親もあまり強く注意はできない。また、親がつねにトイレに同行しなければいけないほど、困っているわけでもない。

子ども本人は背中をしっかり洗っているつもりだが、タオルがまったく届いていない

トイレや浴室での戸惑い

おしっこで衣服をぬらしてしまう悩みには、お尻をふくこと、体を洗うことの苦手さが重なってきます。いずれもボディイメージの未発達に関わります。

よくある悩み

用を足したあと、お尻を十分にふけていないまま出てくる

浴室で体を洗うとき、背中などの見えない部位をうまく洗えない

●「触覚－固有覚系」と「ボディイメージ」の未発達

トイレや浴室では、視野に入っていないものを操作するための🅐「触覚－固有覚系」の働きが必要です。その未発達が、悩みにつながっています。また、背中や性器、お尻などの🅑ボディイメージを正しく認識できていないことも、背景として考えられます。

↓ もしくは

●🅒手のボディイメージが未発達

対応

P66～71の**手探り遊び**で手を動かし、🅐の機能を整える。🅑には**タッチング**をはじめとするP84**全身遊び**が有効。P54～57の**手のタッチング**では、🅒が発達する。手のタッチングは🅐にも効果がある。

4 手作業の悩み

給食の配膳のとき、こぼしたり落としたりする

手作業全般が雑で、不注意や無《む》頓《とん》着《じゃく》な様子が目立つとしても、必ずしも本人の意識の問題とは限りません。

1

Ｄくんは給食当番で配膳をするときにスープをこぼしてしまって、友達に嫌がられる。

Ｄくんの場合

８歳男子。動作が全般的に雑で、給食当番のときや、教材を運ぶときなどに、ものを落として叱られる。

おたまで汁物をすくい、お椀に入れる動作が、上手にできない

手作業全般が苦手

Ｄくんのように、ものの扱い方が雑な子は、あらゆる場面で、がさつな行動が目立ちます。そのため、ズボラな性格だと思われがちです。

よくある悩み

工作の授業で作品がぐちゃぐちゃになる

脱いだ服をたたまないで、丸めて放っておく

食器をのせたお盆を机に置くとき、丁寧に置けず、食べ物がこぼれる

2

こぼすだけでなく、食器を運ぶときにも、落としたり、ぶつけたりしてしまう。ゆっくり慎重に動かすのが苦手。

3

食べ物をこぼしても、本人には大失敗だという意識があまりなく、きょとんとしている。それがますますまわりの人をイライラさせる。

● 必ずしも性格がズボラなわけではない

Dくんのような子はズボラな性格なのだと誤解され、「気をつけなさい」「もっと丁寧に」と叱られがちです。しかし苦手さの背景にⒶ手のボディイメージやⒷ肩・腕・手の支持性（P40参照）の未発達がある場合、本人の心がまえだけでは改善しきれません。

↓ もしくは

● 目と手の協応の未発達

対応

背景にⒶやⒷがある子は「気をつけて」「丁寧に」作業をしても、手の操作がままならず、失敗してしまいがち。それよりも、P54の**手のタッチング**でⒶを、P74〜83の**運動系の遊び**でⒷを育てたい。

指しゃぶりや爪かみが、なかなか直らない

不器用さとは性質が異なりますが、指しゃぶりなどのくせも、手先の悩みのひとつ。触覚の働きの問題が考えられます。

Eちゃんの場合

9歳女子。授業中、勉強中などに、ふと気がつくと親指の爪をかんでいる。頻繁に、そして長時間かんでいるため、行儀の悪い子だと思われがち。

1

最初は両手を机に置き、えんぴつやノートを使って、授業を行儀よく受けている。不器用さもとくに見られない。

とくに不器用な子ではない。爪をかんでいないときにはなにも問題なく見える

2

しかし、いつの間にか爪をかんだり、指をしゃぶったりしている。行儀が悪い、態度が悪いなどといわれ、叱られてしまう。

本人は無意識にかんでいるが、まわりには退屈や不満を表しているようにもとられる

行儀の悪いくせがある

言動には乱暴な様子がないのに、手先の行儀が悪いＥちゃん。こういうタイプの子にはほかに、手で音を立てたり、体にふれたりするくせも見られます。

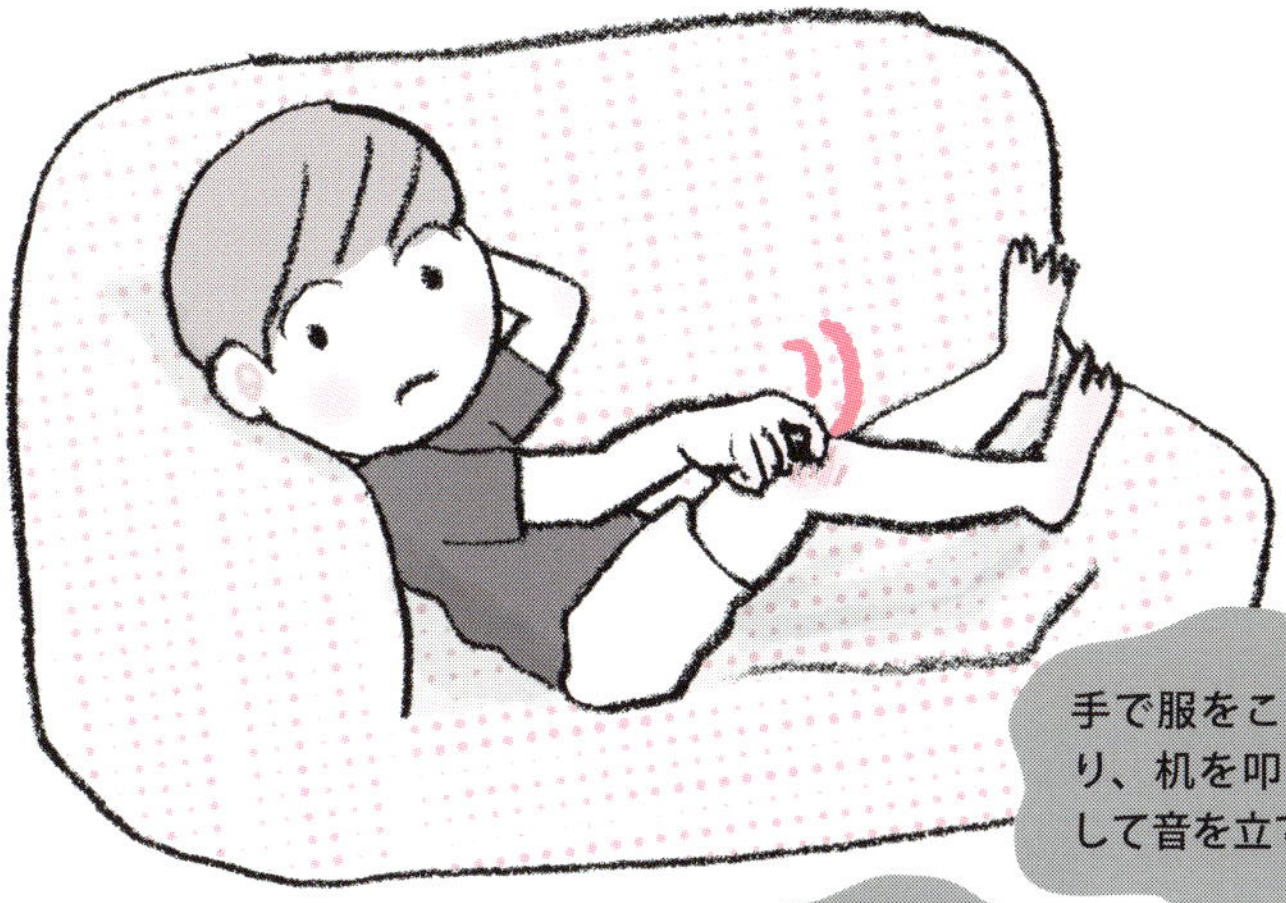

退屈したときに、かさぶたをカリカリと引っかいたり、爪のささくれをむいたりする

よくある悩み

- 手で服をこすったり、机を叩いたりして音を立てる
- 小学校高学年なのに、指しゃぶりのくせが直らない
- 無意識にかさぶたを引っかいて、はがしてしまう

●「自己刺激行動」が出ている

指しゃぶりや爪かみは、無自覚に感覚を刺激してしまう「自己刺激行動」のひとつです。感じ方のにぶさまたは過敏さ（※触覚防衛反応）が背景にあり、退屈したりイライラしたりしたときに、この行動が現れやすくなります。

※皮膚から入る触覚情報に対して本能的な反応が強く出て、「逃げる（身を引く）」などの行動をとってしまう現象

対応

自己刺激行動は、禁止するとかえって悪化しやすい。P54 **手のタッチング**、P56 **手のタッチングクイズ**で触覚の識別系に適度な刺激を入れ、触覚の働きを整理すれば、指しゃぶりも爪かみも減っていく。

折り紙やつみ木が下手で、遊びたがらない

生活面・学習面・運動面の失敗から、子どもの不器用さが読みとれます。しかし、じつは不器用さは遊びにも現れます。

Fちゃんの場合

4歳女子。親が年齢にあったおもちゃを買ってきても、遊びたがらない。うまくできないと言って、かんしゃくを起こしてしまう。

1

Fちゃんは、つみ木を重ねて見立て遊びをしたり、粘土でものをつくったりすることが苦手。どちらも上手にできず、途中で投げ出してしまう。

つみ木を手にとっても、組み立てて好きなものをつくろうとしない

2

親は好みの問題だろうと考え、また別のおもちゃとして、折り紙を用意。しかしFちゃんはやっぱり遊びたがらなかった。

折り紙を渡しても、ひとりで遊ぶことは好まず、親に折らせたがる

「対物遊び」が苦手

子どもの遊びを観察すると、手先の器用さが見えてきます。不器用な子は、ものを使って遊ぶ「対物遊び」が苦手。折り紙やつみ木に集中してとりくむことが不得手です。

よくある悩み

- 折り紙や粘土、あやとりなど、道具を使った遊び全般が苦手
- 絵を描くのが不得手。保育園・幼稚園でのお絵描きを楽しめない
- 人形や食べ物のおもちゃを使ったままごとにも入っていけない

粘土遊びをしてもできばえが悪く、作品にならない。丸いものしかつくれない

「手のボディイメージ」が育っていない

折り紙やつみ木、粘土、あやとりなどの対物遊びには❹手のボディイメージの未発達が主に関わっています。❺目と手の協応が未発達な場合、苦手さがさらに強くなります。視空間認知も関わります。

↓ もしくは

ままごとには、役割交替の理解と、空気を読む力が関わる

対応

基礎的な対応として、❹に対してP66～71の**手探り遊び**をとり入れていく。P54～57の**手のタッチング**も有効。あわせて❺へのとりくみとしてP62 **抜きとり遊び**もおこなうとよい。

※ままごとの苦手さには、ルール説明を工夫するなどの対応が役立つ

おゆうぎや手遊び歌の動作が身につかない

子どもの遊びには対物遊びのほかに対人遊びもあります。不器用さがある子は、友達との遊びにも悩みます。

Gくんの場合

4歳男子。保育園でみんなでいっしょに体を動かして遊ぶとき、ほかの子についていけないのが悩み。

1

Gくんがとくに苦手なのが、歌にあわせて手を動かす遊び。先生が見せてくれる手本のとおりに手を動かそうとしても、なかなかうまくいかない。

2

うまくいかないまま、歌は進み、Gくんはひとり、おいていかれてしまう。頭を切りかえて、途中から入っていくのも苦手。

「おべんとうばこのうた」にあわせて手を動かそうとするが、うまくいかず、脱落してしまう

3

手をうまく動かせないうえに、みんなと一体感をもつこともできないので、Gくんにとって歌を使った手遊びは、ちっとも楽しくない。

じゃんけんのグー・チョキ・パーをとっさにつくれない。遊びに参加できない

「対人遊び」が苦手

友達といっしょにとりくむ「対人遊び」でも、手先の不器用さがあると、困難が生じます。ほかの子と同じ動きができず、一斉活動や遊びのルールに適応できないことがあるのです。

鬼ごっこのように、ほかの子とルールを共有して遊ぶことが苦手

4歳をすぎても、じゃんけんが身につかない

よくある悩み

どうして見て覚えられないの？

●「ボディイメージ」か、ルール理解か

「まわりの子と同じ動きができない」という同じ悩みでも、おゆうぎはⒶ全身のボディイメージやⒷ姿勢維持、手遊び歌はⒸ手のボディイメージやⒹ目と手の協応と、関わる要素が異なります。

↓ もしくは

●鬼ごっこやじゃんけんには、ルール理解の苦手さも関わっている

対応

ⒶⒷにはP84の**全身遊び**やP80**トンネルくぐり**、P82**ジャングルジム**で対応。ⒸはP54〜57の**手のタッチング**、ⒹはP62**抜きとり遊び**。ルール理解には説明の仕方の工夫で対応するとよい。

字を書くときやぬり絵のときに枠をはみ出す

不器用なために遊ぶことが苦手だった子は、やがて就学したとき、読み書きの難しさにも直面することになりがちです。

Hくんの場合

10歳男子。文字を読むことも理解することもできているが、書くのが極端に苦手。丁寧に書いても字が汚い。

1

字を書くと、形が乱れたり、バランスがくずれたりする。筆圧が強すぎて、判別しづらい字になることもある。

2

書きとりノートを用意して練習しているが、なかなかうまくならない。本人は練習に疲れ、やる気を失っている。

漢字ドリルにとりくんでも、状況がなかなか改善しない

よくある悩み

- 形やバランスの乱れ。字が傾いたり、線の長さが不自然になる
- 字の構成が乱れる。へんとつくりが逆になってしまう
- サイズが乱れる。字やぬり絵を枠線の中に書けない

字や絵が乱れる

字が乱れることの背景に手先の不器用さがある場合、ぬり絵のときにもやはり、線や形が乱れます。

POINT

遊びと学びがつながっている

P26の対物遊びとP28の対人遊びは保育園・幼稚園時代に体験するもの。どちらも就学後の教科学習の基礎づくりになります。遊びにはさまざまな意味があるのです。

対人遊び
友達など、ほかの人といっしょにとりくむ遊び

対人遊びが上手になれば対物遊びも上手に。その逆の展開もある。2つの遊びは影響しあう

対物遊び
折り紙やつみ木などのものを使った遊び

2種類の遊びを体験することが、教科学習の基礎づくりになっている

教科学習
国語や算数など、小学校に入ってからの学習

どうしてはみ出しちゃうの？

● 指・手・視覚・認知能力が関わる

書字の悩みの背景はさまざまです。枠線をはみ出すのはⒶ指の機能の使い分けとⒷ目と手の協応。字や絵の形がくずれるのはⒸ視空間認知。文字の軸が傾くのはⒹ姿勢維持。へんとつくりが入れ替わるのはⒺ利き側・非利き側。対応も分かれます。

↓ もしくは

● 筆圧が弱い場合はパワーピンチの未発達

対応

Ⓐには P58 **コイン遊び**と P60 **ペン遊び**が効果的。Ⓑは P62 **抜きとり遊び**。Ⓒは P64 **砂文字なぞり**。ⒹⒺはどちらも P74 **ブランコ遊び**。複数の遊びをとり入れたい。

鍵盤ハーモニカやリコーダーが上達しない

音楽や図工など、手作業の多い教科を、極端に苦手とします。練習を積んでも上達せず、強い苦手意識をもちます。

Iちゃんの場合

9歳女子。手元を見ながら作業することはできるが、先生や黒板を見ていると、手元の動きが乱れてしまう。

1

Iちゃんが低学年のころに困っていたのは、音楽の授業。鍵盤ハーモニカを弾くときに、鍵盤のどこをおさえているか、わからなくなってしまう。机に置いて、見ていれば演奏できるが、手で持って弾こうとするとうまくいかない。

人差し指で「ド」の音をおさえればよいと、頭ではわかっているが、手が思いどおりに動かない

道具を使いこなせない

Iちゃんのような子は、楽器だけでなく、手で持って使う道具全般の取り扱いが苦手です。しかしその反面、好きなおもちゃの使い方は覚えたりするため、道具を選《え》り好みしているようにも見られがちです。

よくある悩み

- 身だしなみを整えるのが苦手。衣服の乱れを直さない
- 好きなおもちゃの使い方は反復学習で記憶する
- コンパスやハサミなどの道具を上手に使えない

指先の感触で、動かす指を判断し、穴を正確におさえることが苦手

2

3年生になると、リコーダーがうまく吹けないことも悩みに。演奏中に自分の指の位置や指の動かし方がわからなくなり、メロディが奏でられない。

3

吹き方を教えてもらっても、どこをおさえるか理解しても、手元を見ないで演奏しようとすると、どうしてもうまくいかない。

●「手のボディイメージ」の未発達

指先を思ったとおりに動かせないのは、主にⒶ手のボディイメージの未発達です。その背景として、Ⓑ触覚－固有覚系の未発達も考えられます。Ⓒ視空間認知も関わっています。手元を見ても弾けない場合には下のⒹを考えます。

↓ もしくは

●Ⓓ目と手の協応が育っていない

対応

Ⓐには P54 ～ 57 の**手のタッチング**で対応。ⒷⒸⒹに対する総合的なとりくみとして、P62 **抜きとり遊び**、P64 **砂文字なぞり**、P66 ～ 71 **手探り遊び**を組み合わせるとよい。楽器の練習より効果が期待できる。

10 学び方の悩み❸

新しい授業や行事を、やる前から嫌がる

不器用さを要因として生じた、さまざまな苦手意識が、チャレンジをさけることの背景になっている場合があります。

Jくんの場合

6歳男子。体験したことのない遊びや活動に、積極的に参加しようとしない。遠まきに見たり、チャレンジをさけたりする。

1

伝承遊びを体験する機会があり、コマ回しを教えてもらった。まわりの子は我先にとコマを手にとり楽しんだが、Jくんはいつものボールで遊んでいた。

2

Jくんは手先が不器用で、手のこまかな動きを必要とする活動は苦手。自分にできそうもないことは、やる前からわかってしまう。

コマ回しをすれば失敗して笑われるのがわかっているので、そっぽをむき、ひとりで遊ぶ

3

自分にできるかどうかを読みとる力はある。失敗を先読みして、プライドが傷つくことをおそれ、苦手なことにはチャレンジしない。それが活動の幅をせばめている。

苦手意識の４つの現れ方

プライドが傷つくことをおそれてチャレンジをさける「逃避タイプ」のほかにも、苦手意識はさまざまな形で現れます。

誘われても、疲れたなどと理由をつけて参加しない「言い訳タイプ」

ふざけて笑いをとり、緊張感をほぐそうとする「お調子者タイプ」

努力するのをやめてしまった「あきらめタイプ」

よくある悩み

親が「公園でキャッチボールをしよう」と誘っても、のってこない

● 失敗体験が積み重なっている

学ぶこと、活動することへの苦手意識が、手先の不器用さから生じていることがあります。不器用なために失敗体験をくり返した結果、チャレンジする意欲を失ったり、悪ふざけでごまかすくせがついたりするのです。１章の悩みのなかから、当てはまる部分を見て対応してください。

↓ もしくは

● その子特有のマイ・ルールがあって、興味のないことには絶対にとりくまない

対応 背景となっている不器用さに当てはまる遊びで対応。苦手意識は失敗体験によって形づくられるので、子どもができる遊びからはじめ、成功体験を積みやすい環境をつくってあげたい。

Column

実感してみよう！

手と足の違い

手でものをつかむことは簡単にできる

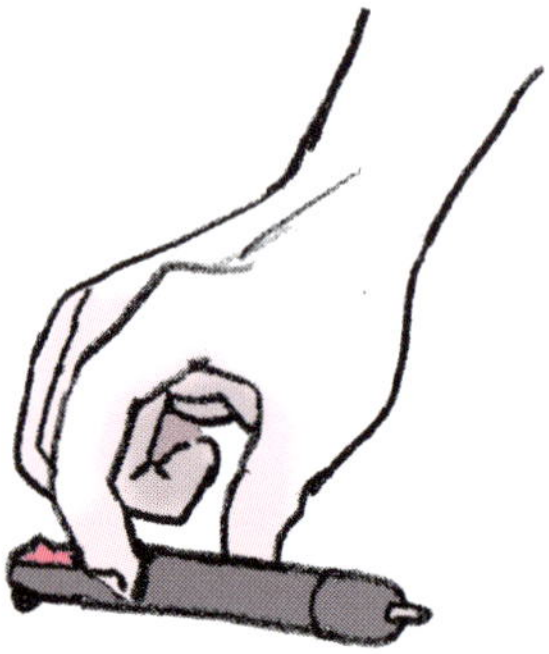

手をめいっぱい動かしてみると、広範囲に手が届くことが実感できる

1

手と足のもっとも大きな違いは可動性。手は背中側、頭の上、体の前後左右と、さまざまな方向にグルグルと動かせる。また、手先にはものをつかむ機能がある。

2

足は可動性が低い。手と同じように動かそうとしても、ある程度、曲がるだけ。反面的に、手はよく動く部位であり、多くの働きを期待されていることがわかる。

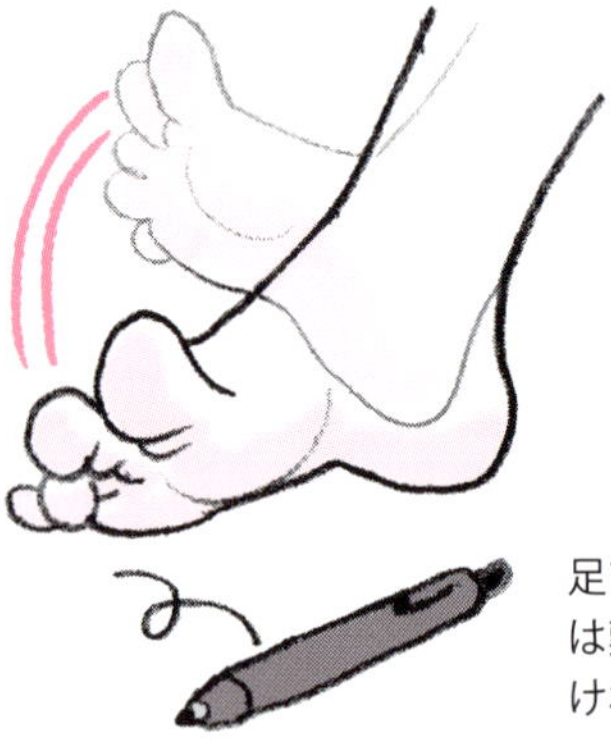

足でものをつかむのは難しい。訓練しなければできない

足をめいっぱい動かそうとすると、手と可動域が違うことが実感できる

※手と足の違いについて、くわしくはP40へ。なお、手が不自由で足を訓練した人のなかには、足で道具を使いこなす人もいる。

2
そもそも「手の働き」ってなに？

手には、さまざまな機能があります。
ものを持って操作するときと、
さわって選び分けるときに使う機能は違います。
各種の機能を総合的に育てなければ、
手先の不器用さは解消していきません。

器用さには触覚・固有覚・前庭覚が関わっている

手先の器用さは、各種の感覚の働きによって支えられています。感覚情報の流れが整っていなければ、器用さはなかなか育ちません。

発達障害の子には感覚情報の処理が苦手な子がいる

感覚とは、体のさまざまなセンサー（受容器）から入ってきた刺激を、脳で情報として受け止めることです。たとえば聴覚では、耳から音の刺激を受けます。脳がその情報を受け止めて処理し、次の行動につなげていきます。

発達障害の子のなかには、感覚情報の処理がうまくできていない子、そのために手先が不器用な子がいます。生まれながらに脳機能の偏りがあるためで、努力不足によるものではありません。

感覚情報の処理に混乱があるときには、その子の感覚面に配慮した個別のアプローチが必要です。

感覚のトラブルが背景に

不器用さは、必ずしも経験不足によって引き起こされる問題ではありません。背景に感覚の処理の問題があり、本人の努力だけでは解決できない場合もあります。

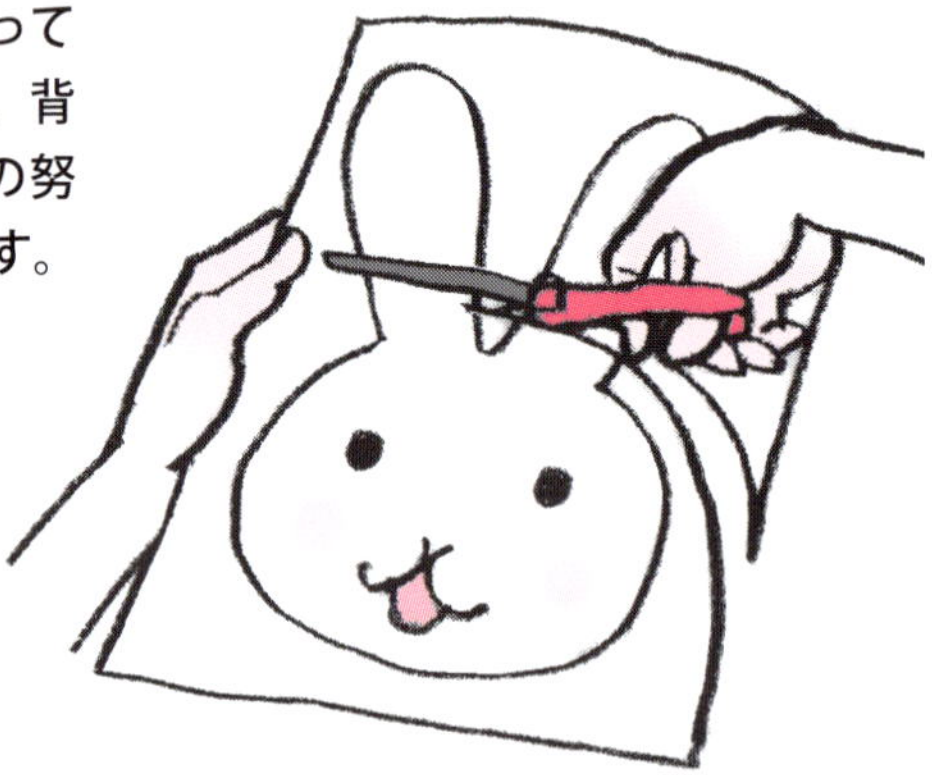

ハサミで紙を切るとき、丁寧に切ろうとしても曲がってしまう

感覚情報の流れのトラブル

手や目などから得る感覚情報を、脳で適切に処理できず、手先をうまく使えていない子がいる。この場合、ただ練習をしても器用さは育たない。

→

器用さ（体の使い方）の問題

問題として表に出てくるのは、指や手、腕の動かし方のぎこちなさ。親はそれを見て、経験不足や練習不足だと判断し、がんばらせようとしがち。

POINT

本書でとりあげている感覚

自覚しやすい感覚

五感

嗅覚《きゅうかく》
鼻でにおいをかぐときに働いている感覚

聴覚
耳で音を聞くときに働いている感覚

味覚
舌で味わうときに働いている感覚

視覚
目でものを見るときに働いている感覚

触覚
皮膚でものにふれるときに働いている感覚。ふれたものがエサか敵かを本能的に判断する原始系と、ふれたものに注意を向け、さわり分ける識別系の2つの働きがある。

触覚の原始系が優位に働いている子がいる。さわられると無意識に反撃したり逃げたりすること（触覚防衛）がある

自覚しにくい感覚

前庭覚《ぜんていかく》
バランス感覚。体がゆれたり回転したときに働く。姿勢の維持や、利き手の使い方の発達などに関わっている。無意識に使っている場合が多い。

固有覚
筋肉や関節の動きを感じとる感覚。体を動かしたときに働く。動作のコントロールに関わっている。ほとんど無意識に使っている。

ボディイメージ
触覚・固有覚・前庭覚から得た感覚情報にもとづいて、自分の体のサイズや動き方などの実感「ボディイメージ」が育つ

手の可動性・支持性は、足とどう違うか

手には手の、足には足の働きがあります。手は広い範囲を動いて、器用さを発揮します。そのためには全身の機能の発達が必要なのです。

手足の構造の違い

手と足は、そもそも構造が違います。手は可動性が高く、支持性は低い構造をしています。

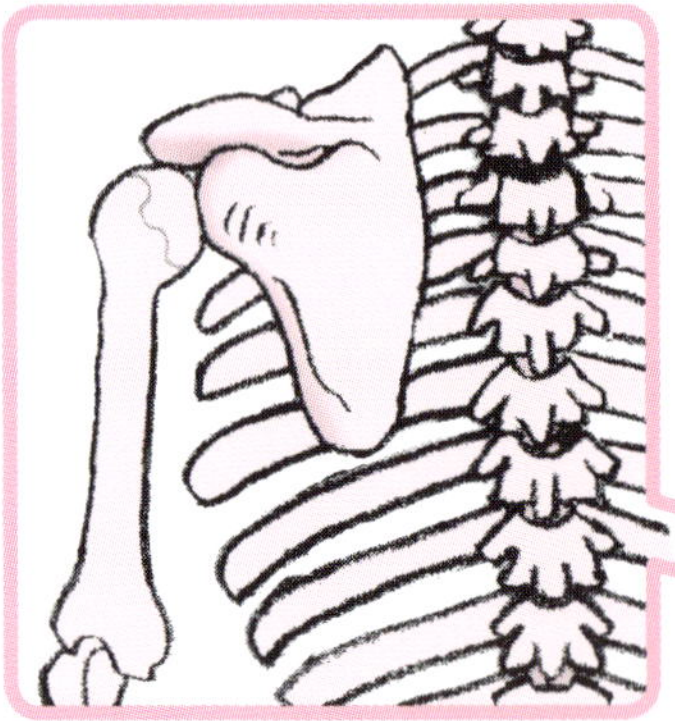

背中側から見た骨格の絵。腕は肩甲骨にある肩関節で体とつながっている。肩甲骨は肋骨の上をスライドする。もともと動きやすい構造。そのかわり、支持性は低い

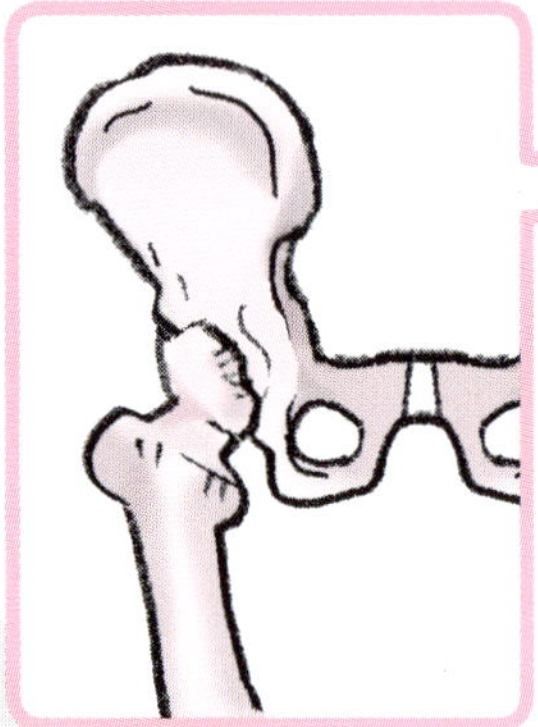

背中側から見た骨格の絵。脚は骨盤にある股関節で体とつながっている。しっかりと固定されていて、体重を支える構造になっている。そのかわりに動ける範囲は狭い

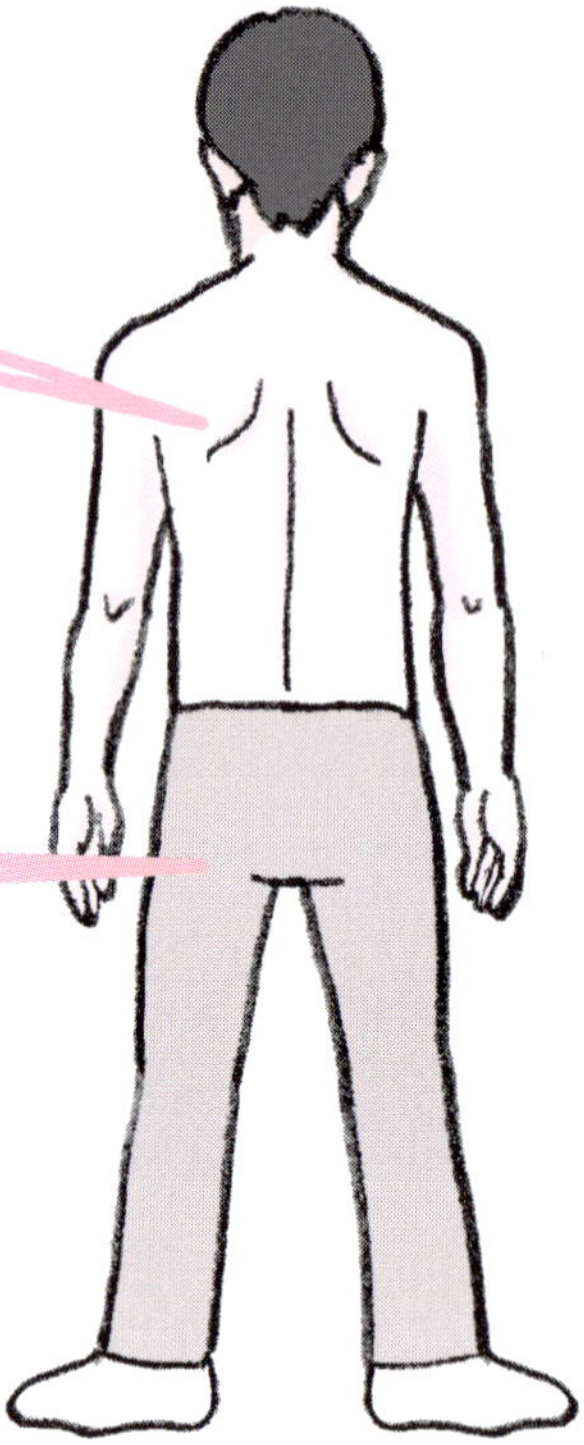

手は足よりも可動性が高い

手は、動きの幅広さを示す「可動性」が保障されているいっぽうで、体を支える「支持性」は、制限されています。足はその反対です。手には可動性、足には支持性が、本来的なしくみとして備わっているわけです。

ただし、手先の可動性を十分に発揮するためには、その根本となる肩や腕がぐらつかないように、支持性をもたなければいけません。手の支持性はもともと制限されているため、くらしのなかで支持性を機能として発達させる必要があります。そのうえで、可動性を身につけていくわけです。

器用さはどう発達するか

器用さの発達を富士登山にたとえると、手指の操作性は山頂にあたります。そこにいたるまでには、全身から肩、腕、手のひらにかけて、段階的にたどっていく発達の道があります。

最初から頂上（手先の器用さ）だけを目標にするのは厳しい。ふもと（体の機能の基礎）から少しずつのぼっていきたい

ただし、❶や❷などの基礎が未発達でも、手先をそれなりに使える子もいる。発達の順序はゆるやかなもの

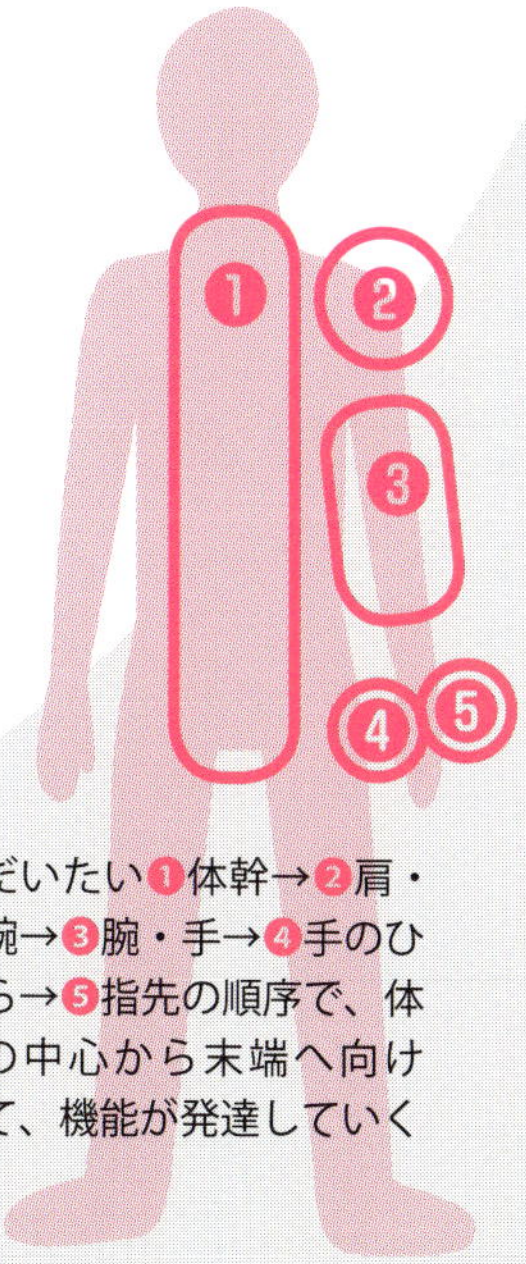

だいたい❶体幹→❷肩・腕→❸腕・手→❹手のひら→❺指先の順序で、体の中心から末端へ向けて、機能が発達していく

❺ 手先の可動性

体幹、肩、腕、手の支持性の発達をもとに、手先の可動性（操作性）が発達する。ここではじめて、手先の器用さがアップする。

❺に役立つ遊び

- P60 ペン遊び
- P58 コイン遊び
- P66 ～ 71 手探り遊び
- P64 砂文字なぞり

❹ 手先の支持性

腕や手をよく使い、ものをにぎりこむパワーグリップの動作などをすることで、手のひらの支持性が発達。ものをしっかりつかめるようになる。

❸ 腕・手の可動性

肩がぐらつかなくなったことで、腕や手を動かしやすくなる。腕や手を使った遊びが、より正確な可動性を発達させる。

❷ 肩・腕の支持性

体幹に続いて、肩と腕の支持性が発達する。手を動かすときに、肩がぐらつかなくなる。手を使って体を支える運動が役立つ。

❶ 体幹の支持性

まず、さまざまな全身運動によって体幹が整う。姿勢が安定する。これが器用さの基礎となる。

❶～❹に役立つ遊び

- P74 ブランコ遊び
- P78 よじのぼり遊び
- P82 ジャングルジム
- P80 トンネルくぐり
- P76 かんたん腕立てふせ

ゆるやかな発達の順序がある

※手の機能の発達とあわせて、足やそのほかの部位の機能も発達する。手の機能だけが発達するわけではない

強くつかむ、そっとつまむはどちらも重要

手の支持性、可動性を発達させるためには、強くつかむ動作と、そっとつまむ動作を、どちらも適度に経験する必要があります。

手外筋《しゅがいきん》

指を動かす筋肉。手首の外（腕）から走っているから手外筋。手外筋を適度に使うと、手先の支持性が発達。指使いの基礎ができる。

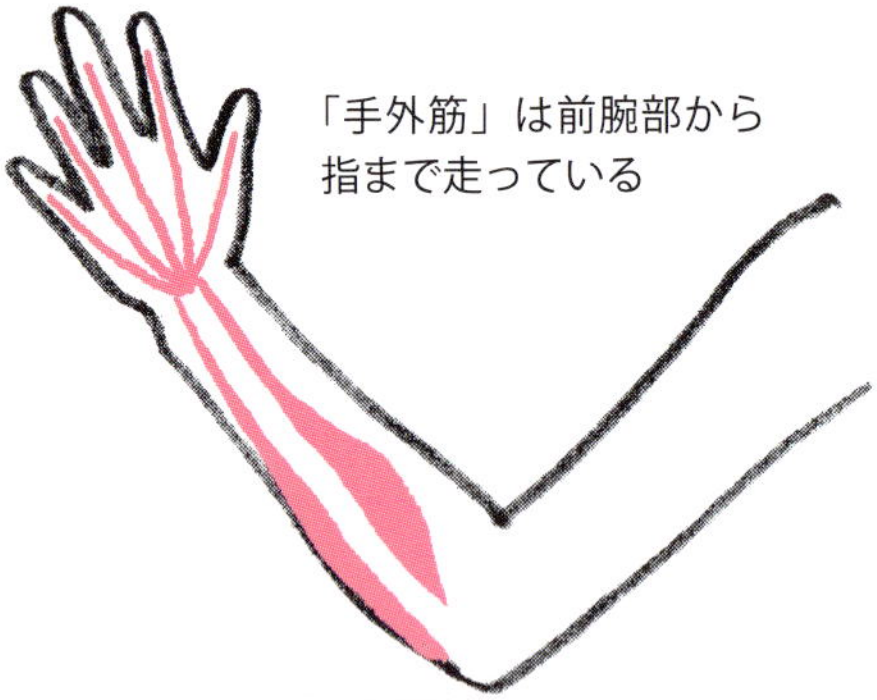

「手外筋」は前腕部から指まで走っている

手掌《しゅしょう》支持

手のひらで体を支えること。手掌支持を身につけることが器用さの土台になる

パワーグリップ

親指がほかの指に対向するように、にぎりこむ動作がよい

親指がほかの指と平行で、ひっかけるように持つ「フッキング」では弱い

プッシュアップ

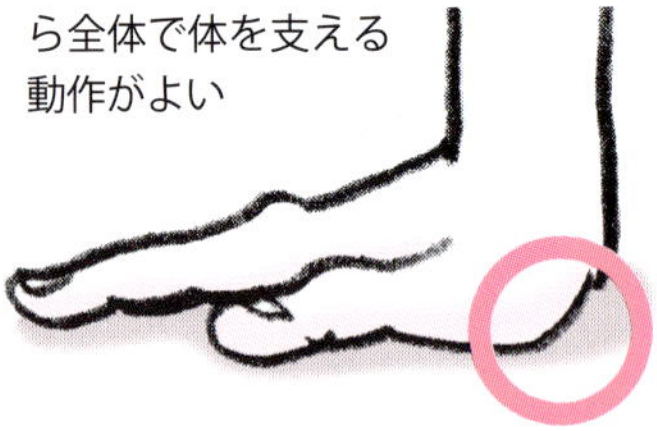

指を伸ばし、手のひら全体で体を支える動作がよい

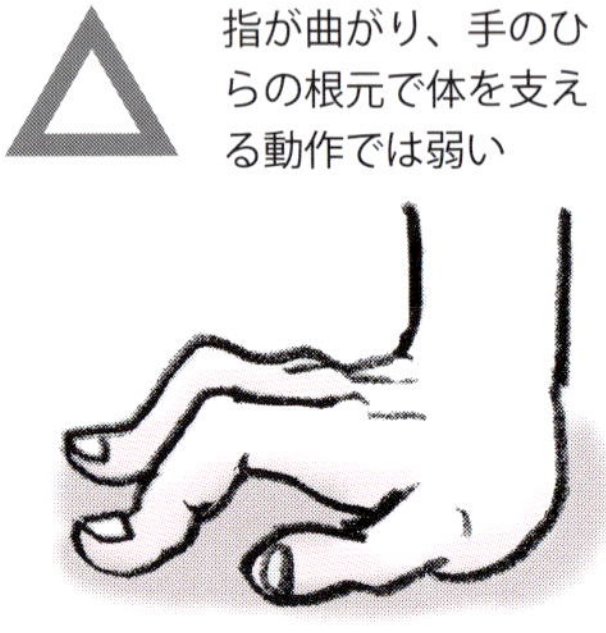

指が曲がり、手のひらの根元で体を支える動作では弱い

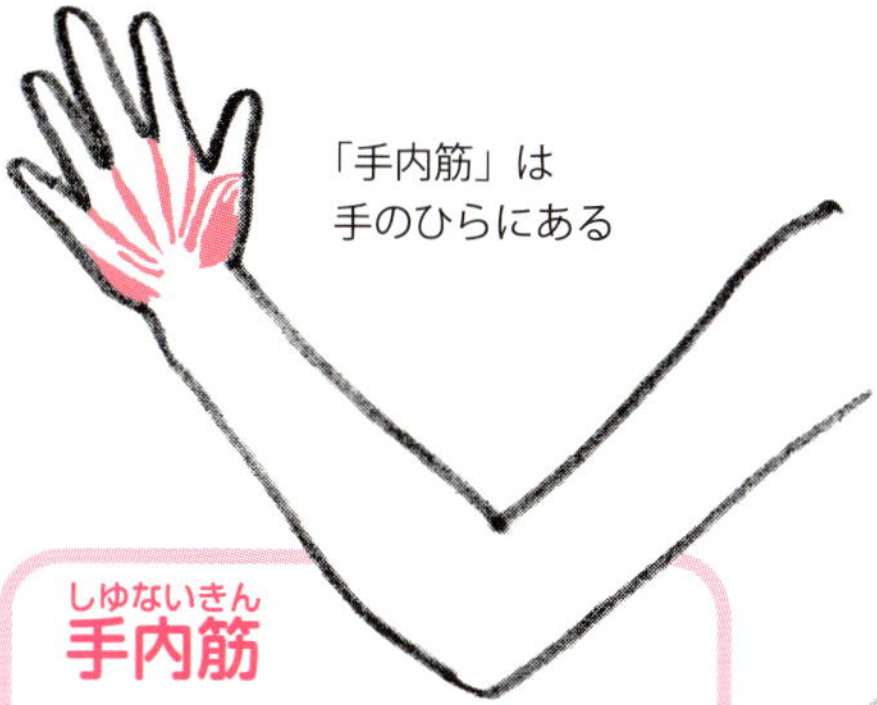

手先の発達の流れ

　肩・腕の支持性が整うと、次に手先の機能が整っていきます。手先にグッと力を入れるプッシュアップやパワーグリップといった動作が、指の動かし方の基礎をつくっています。

手内筋《しゅないきん》

　指を動かす筋肉。手首の内側（手先）を走っているから手内筋。適度に使うと、手先の可動性が発達。指使いが発達しやすくなる。

手外筋の発達をもとに手内筋が発達するというゆるやかな流れがある

親指・人差し指・中指に力を入れてつまむ動作

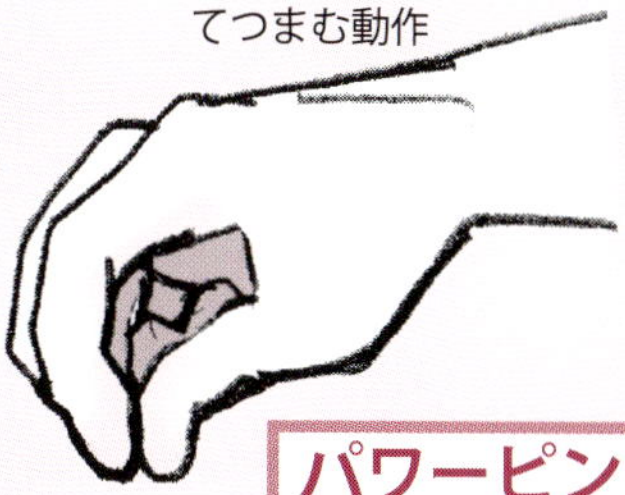

パワーピンチ

強くつかむ、強くつまむ、そっとつまむという流れで動作が整っていく

器用につまむ

指で軽くつまむ動作のとき、手内筋を使っている

体重を支える経験が指使いの土台になる

　不器用な子に「はしで豆をつまむ」「ピンの抜き差しをする」などの手作業をくり返し練習させる人がいます。しかし、それは必ずしも適切な対応ではありません。
　手先のこまかな操作性が身についていない子は多くの場合、その前段階として、手の支持性や、大まかな操作性が育っていません。まずは手のひらで体重を支える動作の経験が必要です。

手先の支持性・可動性の発達の順序は目安。順番が前後する場合もあり、ゆるやかに発達していく

親指側と小指側では、指の動きも働きも違う

手の支持性と可動性が発達していくと、手の指が本来果たすべき二つの機能も整っていき、手が器用になっていきます。

操作する側と支える側

手の指には大きく分けて２つの働きがあります。親指側の操作する働きと、小指側の支える働きです。

親指側（橈側《とうそく》）の働き

親指・人差し指・中指は、ものをつまむ動作に使われる。ものをつまみ、動かし、操作する働きがある。

- ペンを持って動かす
- 折り紙を折る
- くつひもをむすぶ　など

小指側（尺側《しゃくそく》）の働き

中指・薬指・小指は、ものをつかむ動作に使われる。ものをにぎり、支え、固定する働きがある。

- ペンを動かすときに支えとなる
- 折り紙をおさえる
- くつひものあまりを持つ　など

親指側と小指側では働きが違うが、中指はどちらの働きにも関与している。動作によって、どちらに関わるかが異なる

２つの機能の分離－協応動作

親指側と小指側を別々に使うこと（分離）と連携させること（協応）を身につけて、はじめて手が生活や遊び、勉強に対して実用的に働く。

手の操作性を支える要素

手の働きをさらにこまかく見ていけば、7つに分けて説明することもできます。手先のこまかな操作性は、体を支える働きなど3つの要素に支えられています。

手の7つの機能

操作する
持つ、投げる、入れる、組み立てるなど、ものを操作する働き

感じ、探し、さわり分ける
手先でさわって状態を感じとる働き。手で探索、識別、認知をこなす

体を支える
手をついたりして体重を支え、姿勢を保つ働き。操作性の支えになる

体を移動させる
腹ばいやよつばい、伝い歩きのときの手の動き・働き

手を器用に使えるようになると、表現操作も器用にできるようになる

意思や気持ちを表す
身振り手振りや手話などの表現をする働き

身を守る
倒れたときに手をついたり、頭を手で守ったりするときの働き

バランスをとる
手を広げたりしてバランスをとる働き。姿勢が不安定なとき、手はこの働きに使われ、操作性を発揮しにくくなる

明らかに器用さが向上してくる

手の運動機能として、最後に整うのが、指先でものをつまんだり、動かしたりするときのこまかな動作です。この動作が身につくときには、同時に、指を使ってものをにぎり、固定する機能も身についています。

指の二つの機能が身につくころには、その子の手作業には、明らかに器用さが感じられるようになってきています。

伸びしろは子どもによって違う

この本の遊びを通じて整ってくるのは、指先の二つの機能と、その使い分けです。

それだけでも生活には十分ですが、子どもがより手早く正確な動作を身につけたがる場合、そこからの伸びしろは、その子の知的能力とモチベーションによります。

手のボディイメージが器用さの土台になる

手の運動機能の発達とあわせて、手のサイズや動かし方の実感を育てていくことも、器用さの基礎づくりには欠かせません。

いくつもの感覚からつくられる

この本では、手のサイズや動き方などの正確な実感を「ボディイメージ」とよぶことにします。ボディイメージは触覚や固有覚、前庭覚の働きが整うことによって、身についてきます。

ボディイメージ

自分の体のりんかくやサイズ、曲げ伸ばしの状態、力の入れ加減、傾き、姿勢、動きの速さなどの生理的な実感。複数の感覚を情報源として育つ。

↑

触覚　固有覚　前庭覚《ぜんていかく》

手のボディイメージが整っていると、パソコンのキーボードを見ないで文字を打ちこむ「ブラインドタッチ」が身につきやすい

自分の手を実感しているか

手の支持性や可動性、操作性を伸ばすことは、すべて運動発達に関わるとりくみです。

このとりくみに加えて、手をよく使うことで、手の状態や動きに対する感覚を整え、自分の手に対する正しい実感、ボディイメージを育てることも大切です。

運動発達にあわせて、ボディイメージも発達すれば、手の操作性はより向上します。

なお、一見、全身や手をよく使っているようでも、パターン化して覚えた運動のくり返しでは、適切な感覚情報が脳に流れず、発達につながらないこともあります。

※ただし、手のボディイメージが整っていなくても、同じキーボードを使ってひたすらくり返し練習すると、ブラインドタッチが身につくことがある。これはパターン学習。

車で考えるとわかりやすい

ボディイメージを車にたとえて考えると、理解しやすいでしょう。日ごろほとんど運転しない人は、車幅や車高、走行速度、タイヤの向きなどを正確に実感できないため、駐車するときなどに車をまわりのものにぶつけてしまいます。

サイズがわかる

自分の体のりんかくや大きさがわかる。車でたとえると、車幅や車高、車全体のデザイン

部位がわかる

体の各部位の位置やつながり、関係がわかる。車でたとえるとドアの可動範囲やサイドミラーの大きさ

位置がわかる

自分の体がいまどんな位置関係のなかにあるかがわかる。車でたとえると、道路のどの位置を走っているか

伸び・曲がり具合がわかる

筋肉や関節がどのくらい伸びているか、曲がっているかがわかる。車でたとえると、タイヤの向き

力の入れ加減がわかる

手や足などの力加減がわかる。車でたとえるとアクセルやブレーキのふみ加減

運転経験が豊富な人は、車のボディイメージをもっているため、ミスをしないで駐車できる

POINT

手のボディイメージと全身のボディイメージ

この本は手先の器用さを育てる目的でまとめているため、手のボディイメージの習得を重視して、遊びを組み立てています。実際には、ボディイメージは手だけ単独で育つものではなく、全身で育ちます。手を意識しながら、全身のボディイメージも育てましょう。

タッチング（P54参照）によって触覚の識別系を働かせると、手のボディイメージが育つ

同じように全身をタッチングして、全身のボディイメージも育てる

まず全身のボディイメージの発達を心がける。手先が不器用な子には手のボディイメージの発達もうながす

バランス感覚と利き手の意外な関係

片方の手で字が書けるようになったりしただけで、利き手が確立したと考えるのは、必ずしも正解ではありません。もう片方の手も見てください。

最初に姿勢の中心が整う

さまざまな全身運動によって、体幹が整い、姿勢の中心軸（正中線）が発達します。正中線が未発達な子は、姿勢がくずれやすく、利き手の確立が遅れる場合があります。

姿勢も字も乱れやすく、非利き側の手が机の上にこないで、たれ下がっている

正中線《せいちゅうせん》が整う

触覚・固有覚・前庭覚の働きを整えることで、姿勢の調節機能が整う。とくに前庭覚が重要

ラテラリティが発達

姿勢の中心軸が正中線として機能することで、左右の使い分け（ラテラリティ）が発達していく

中心軸ができてから左右の機能が育つ

利き手は、非利き手とともに発達するものです。どちらも発達させるためには、全身をよく動かし、バランス感覚などの情報を交通整理して、姿勢の中心軸（正中線）を整える必要があります。

片方の手を上手に使うことが利き手の発達だと思って、片手だけ熱心に使っていても、なかなか利き手が確立しないのは、このような背景があるためです。

手の機能の発達には、体全体を使ったさまざまな体験が必要です。手を動かすだけでは、脳と体の間を流れる感覚情報を整理することはできないのです。

利き手と非利き手が整う

片方の手の器用さが多少、育ってきていても、左右の手で別々の動作を連携させることができない場合には、まだ「利き手もどき」です。姿勢の中心軸が整ってくれば、非利き手の機能も発達します。

非利き手で食器をおさえながら、利き手でスプーンを操作できる

POINT

利き手と脳の関係

右手は左脳から、左手は右脳から指示を受けて動いている。また、左右の脳や手足は連携している。利き手の確立のためには、左右の脳が役割分担を身につけなければいけない。これを「ラテラリティ」の発達という。全身運動などによって感覚を整え、正中線をつくることが、ラテラリティの発達をうながす。

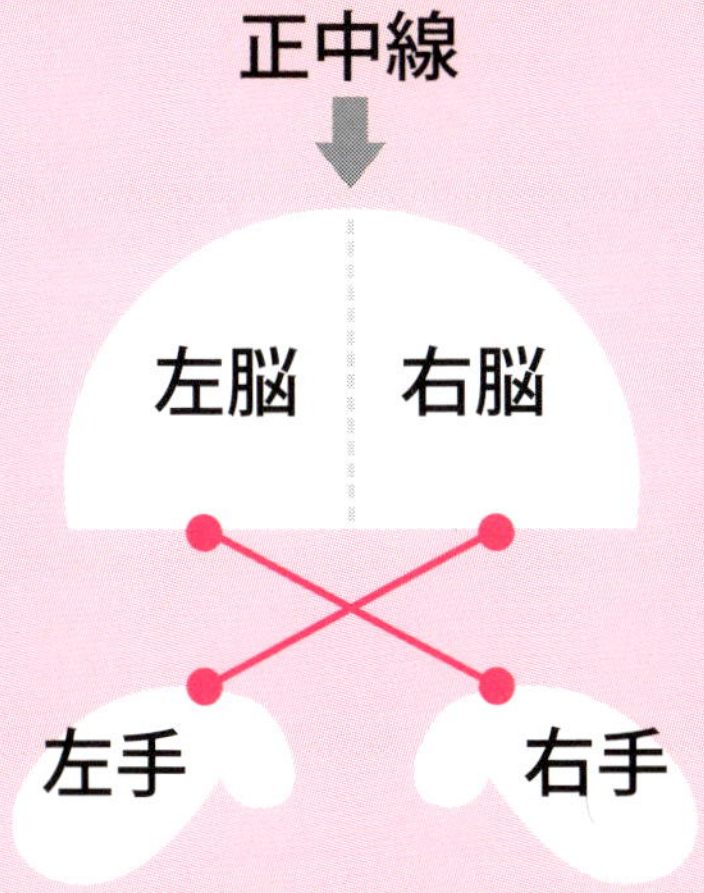

脳と利き側はクロスしてつながっている

利き側の発達

左右どちらかが利き側として確立していく。はしやえんぴつを持つ手が決まり、より緻密な動作が身につく

非利き側の発達

もう片方が非利き側として確立。食器や紙を手でおさえる動作が出てくる。両手で別々の動作を連携させることができる

見たとおりに手を動かすこと、目と手の協応

運動機能やボディイメージの発達とあわせて、もうひとつ、手先の器用さを支えているのが、「目と手の協応」の発達です。

見てつかむから、見ないでつかむへ

目の働きと手の働きは、連動して発達していきます。生後３ヵ月ごろから連動がはじまり、成長とともに、より複雑に変化していきます。

興味のあるおもちゃに手を伸ばすのが、目と手の協応のはじまり

目の働き・手の働きの発達

手と目の協応

生後３ヵ月ごろの赤ちゃんは、手にふれたものに目を向ける。手の感覚に目の感覚がついてくる

目と手の協応

生後６ヵ月ごろまでには、目で見た場所や方向に、手を動かすことができるようになる

眼球運動も重要

眼球運動が未発達な子は、手と目・目と手の協応が育ちにくいことがある。本書のブランコ遊びなどが対応として役立つ

視空間認知も重要

目と手の協応には、ものへの距離や方向などを把握する「視空間認知」が必要。眼球運動や認知能力を土台として育つ。ぬり絵やつみ木がその発達に役立つ

※「ボディイメージ」や「目と手の協応」の発達は、P41の富士山のたとえでいうと、登山靴や防寒着を身につけるようなもの。２つの機能（装備）が整えば整うほど、手の操作性が発達（山登り）しやすくなる

手元を見ながら手作業をするのも大切

ボタンのとめはずしやリコーダーの演奏は、手元を見ないでできるようにしたいもの。そのため、子どもに手元を見ないで作業をするように教えている人がいます。

しかし、学びはじめの時期には「目と手の協応」が発揮されることが必要です。

見ないで手を動かすのは先の課題

基本的には、手元を見ないで作業をすることは、目と手の協応が身についたあとの発達課題です。見ながら手を動かす経験のつみ重ねによって、手元を見なくても、触覚や固有覚の情報だけで、手を動かせるようになるのです。

最終目標だけを見て指導をするのは、子どもの発達への道すじに混乱をまねきます。

知的な触覚探索

1歳をすぎると、箱や引き出しのすき間から、中のものをとり出すようになる。手探りで興味を満たしている

さわり分ける触覚弁別《べんべつ》

3歳をすぎると、ものを見ないで、手探りでさわって区別するようになる。ものを見ながら操作する動作もより正確になる

3歳以降も手と目の連動性は発達していく。正確性が上がる

触覚－固有覚系も重要

さわり分ける能力にも「視空間認知」の力が必要だが、同時に触覚－固有覚系の発達をうながす必要もある。触覚弁別は手探り遊びを活用することで発達する

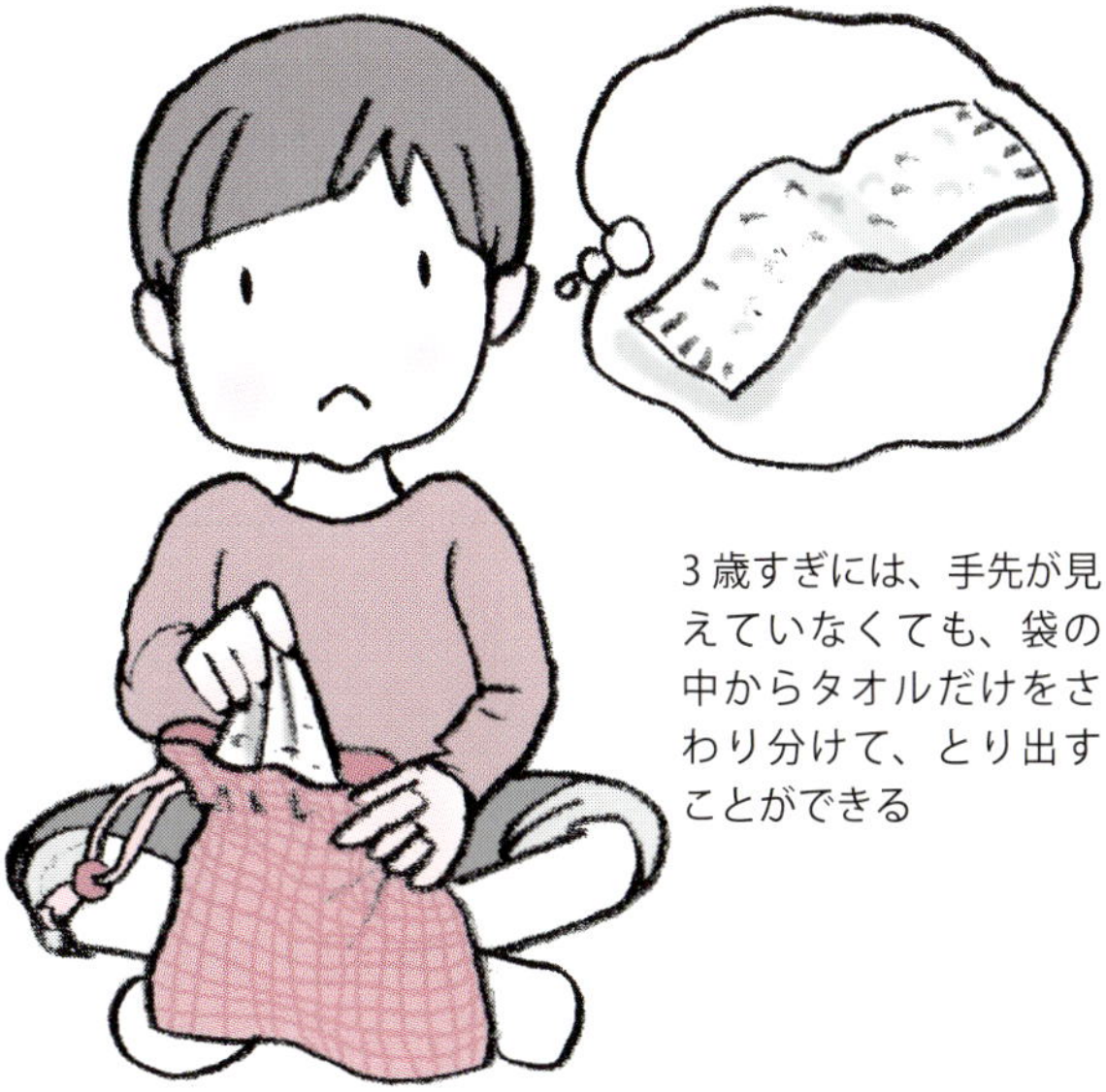

3歳すぎには、手先が見えていなくても、袋の中からタオルだけをさわり分けて、とり出すことができる

Column

実感してみよう！

つかむとつまむの違い

1

ものを大ざっぱにつかむ動きと、こまやかにつまむ動きでは、使う筋肉が違う。まず、手をグーにして力いっぱいにぎってみる。腕に力が入る。上手につかむためには腕の働きが重要だとわかる。

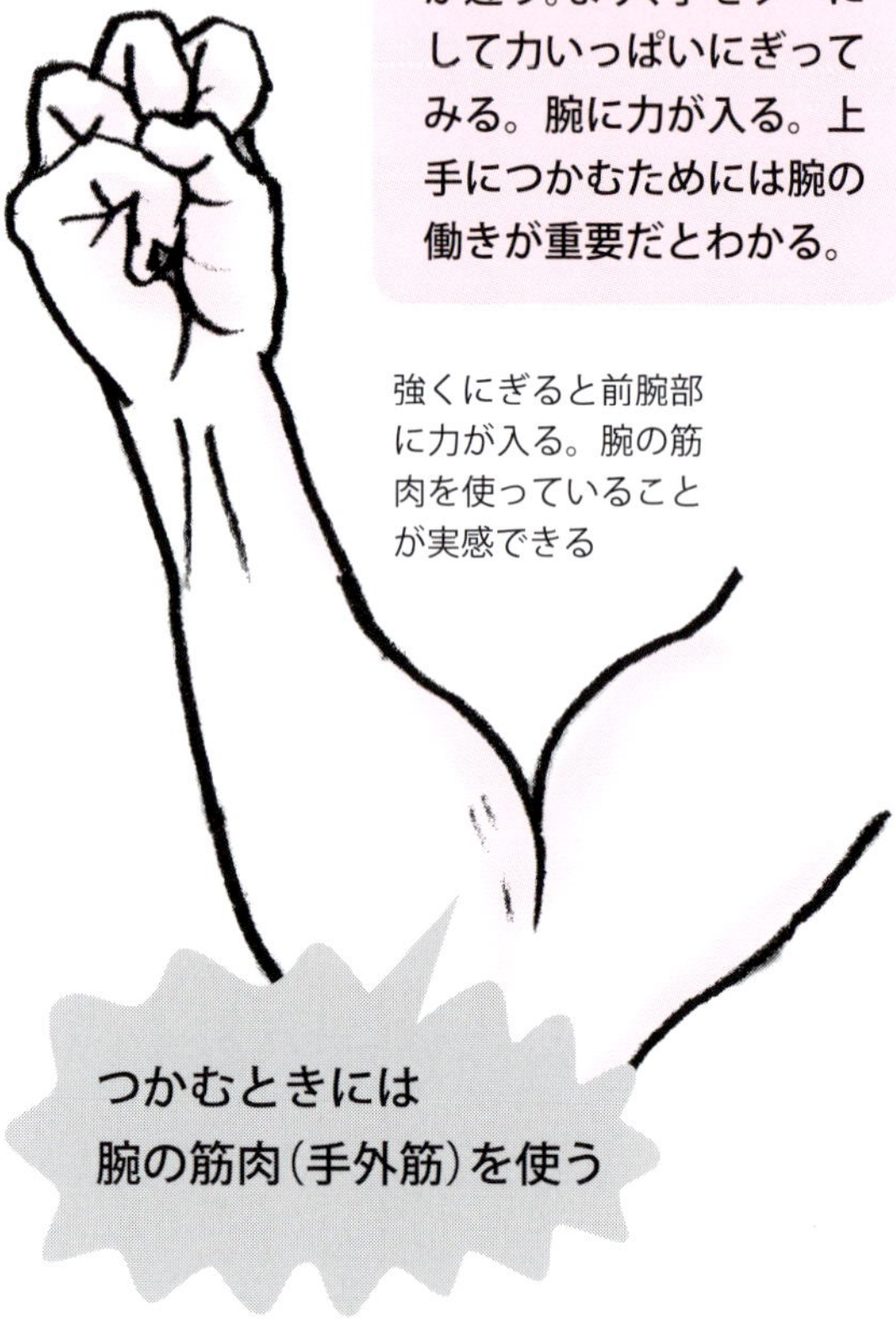

強くにぎると前腕部に力が入る。腕の筋肉を使っていることが実感できる

つかむときには
腕の筋肉（手外筋）を使う

2

次に、親指・人差し指・中指で、軽くつまむような動作をしてみる。腕の筋肉はほとんど使っていないことがわかる。つまむ動きとつかむ動きでは、働く筋肉が違う。

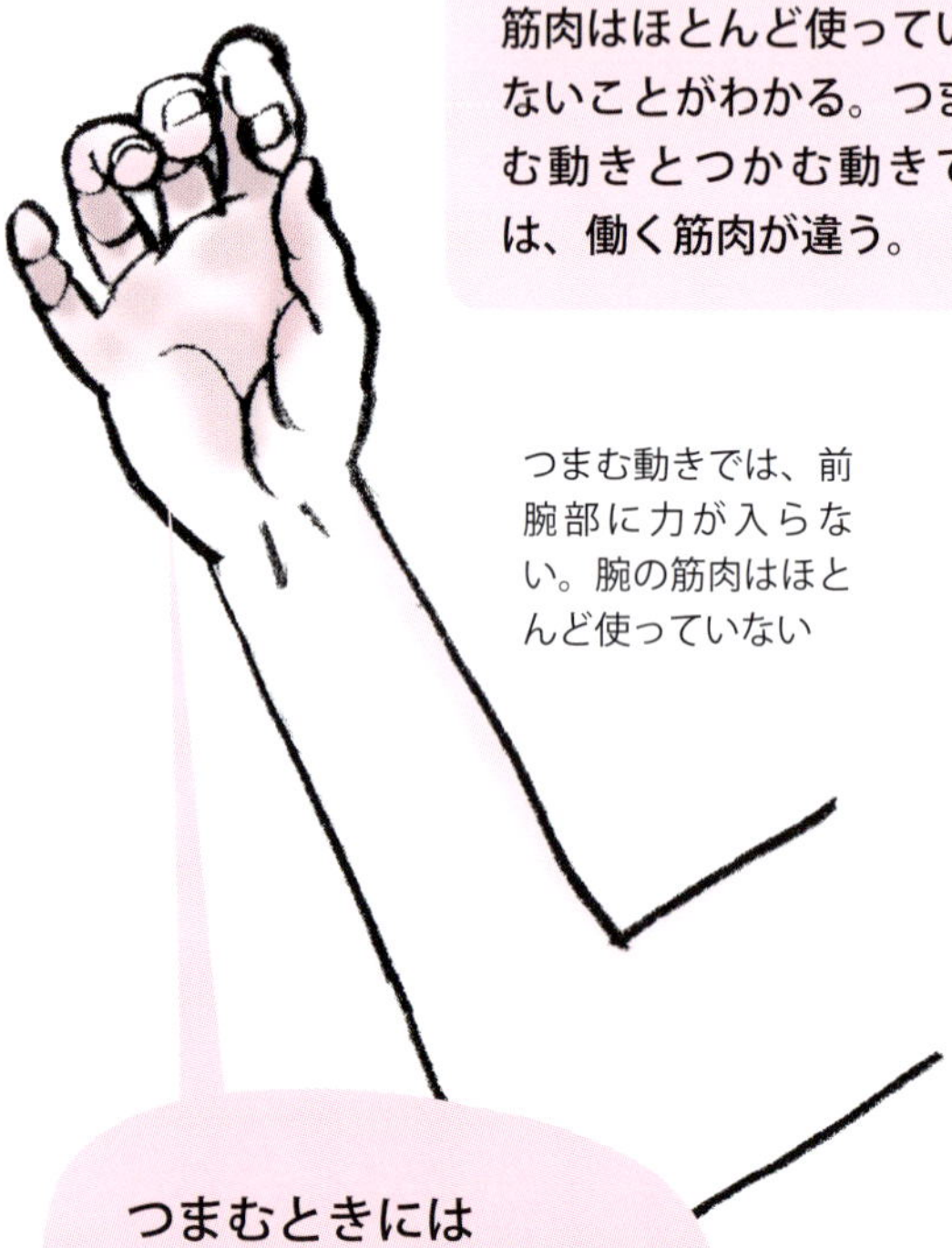

つまむ動きでは、前腕部に力が入らない。腕の筋肉はほとんど使っていない

つまむときには
手の筋肉（手内筋）を使う

※つかむとつまむの違いについて、くわしくはP42へ。

3

指・手・腕の感覚を整える「15の遊び」

はし使いや書字など、手先のこまかな動きを
ただ反復練習させていても、器用さはなかなか育ちません。
それよりも、ブランコやジャングルジム、
ブロックなどで、手をよく使って遊ぶことのほうが、
手の機能の基礎をつくり、器用さが育ちやすくなります。

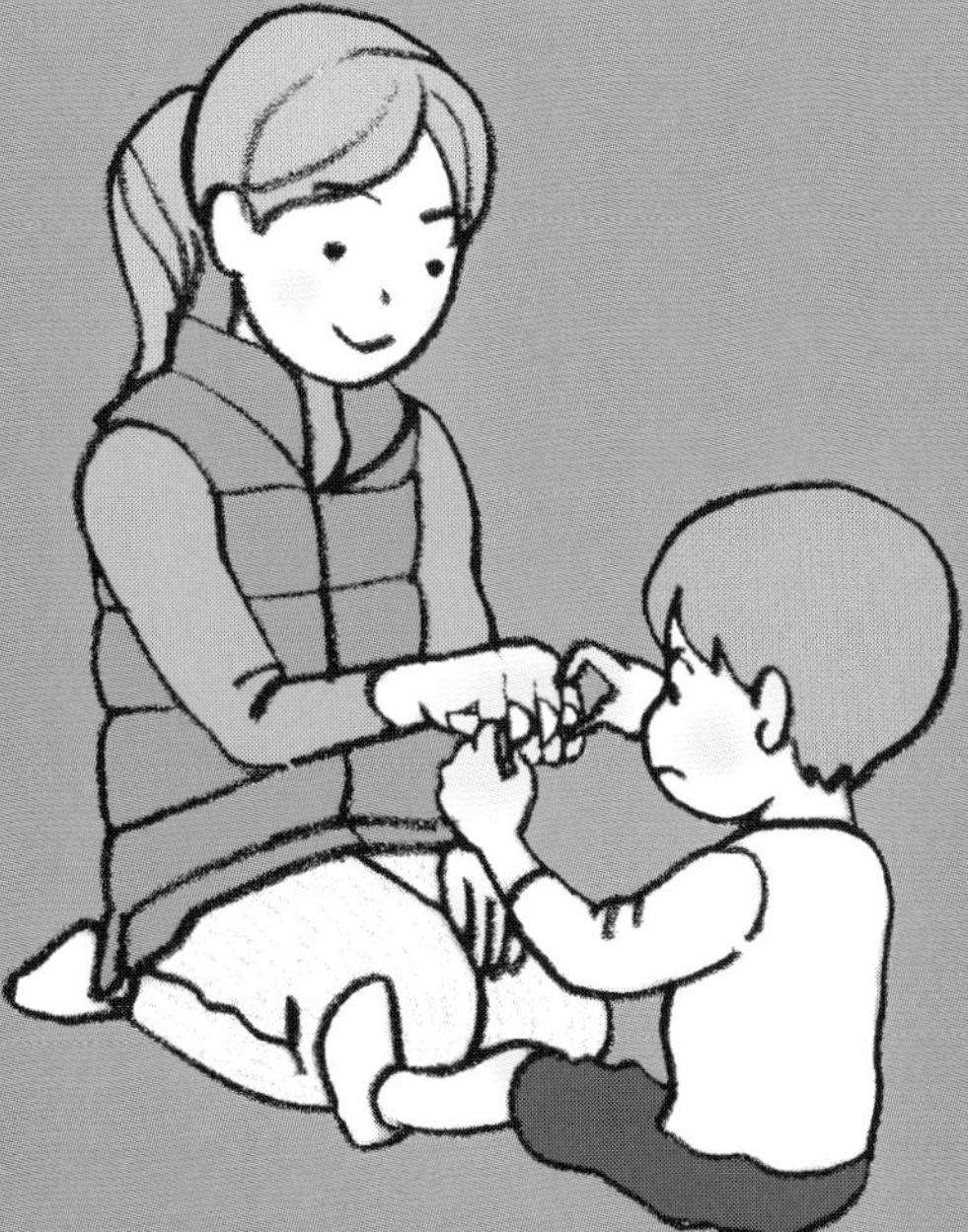

手のタッチング

子どもの指や手を、親がギュッとにぎる

どんな子に向く？

- 指しゃぶり・爪かみをする
- 鍵盤ハーモニカを弾くのが苦手
- 給食の配膳のときにこぼす

1 とくに道具は必要ない。ただし、タッチングに子どもの注意や関心が向いているかどうか、読みとりながらおこなうことが大切。

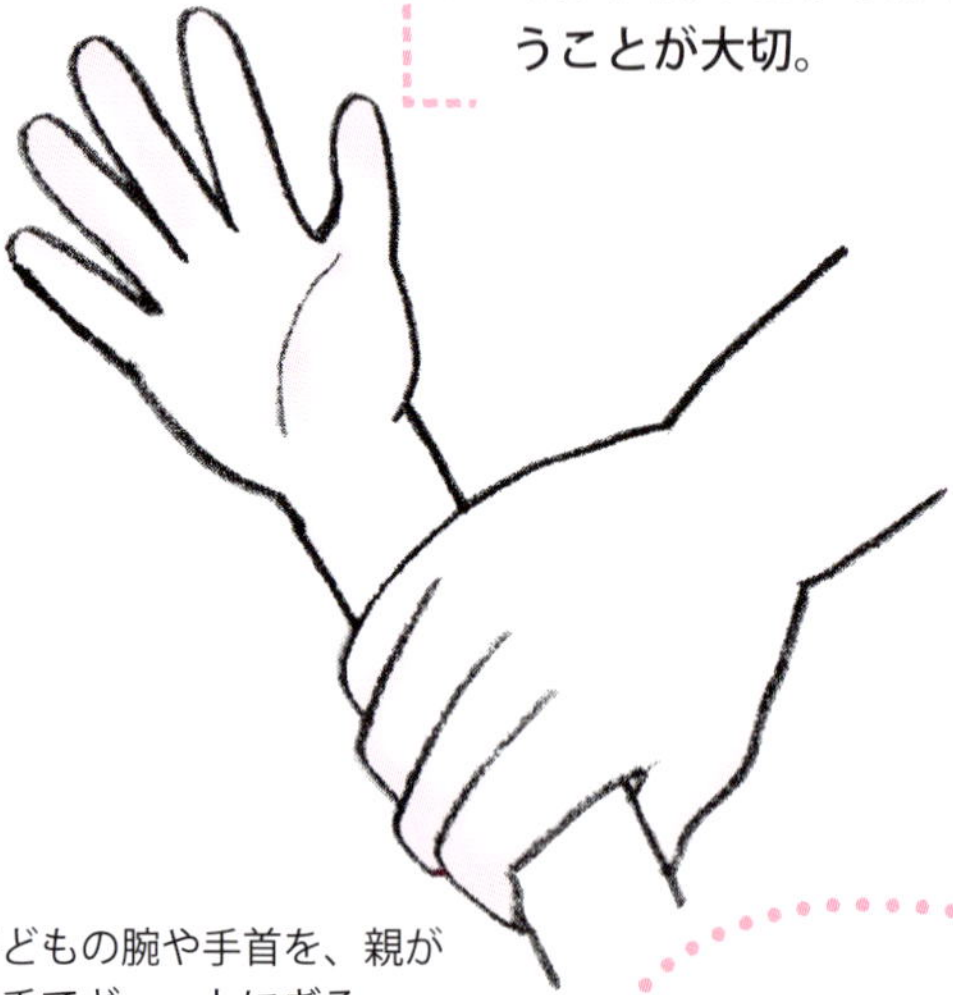

子どもの腕や手首を、親が素手でギュッとにぎる

腕から手、指への順番で

2 子どもの手をとって、最初に前腕をギュッとにぎる。手首から手のひら、指のつけね、指先へと、にぎる位置をゆっくり移動する。

ねらい

触覚の「識別系」を使う

子どもが、タッチされた部位に注意を向けているとき、触覚の認知的な働きである「識別系」が育つ。識別系を使うことで触覚の働きが整い、手のボディイメージも発達する。

効果

手を使うことへの抵抗が減る

触覚の過敏性や鈍麻《どんま》がある子は、それが軽減し、手を使って活動することへの抵抗感が減る。また、自分の手の状態が実感できるようになり、楽器や食器など道具の使い方も上手になっていく。

調整ポイント
腕・手・指を嫌がる場合は、背中や足など、その子が比較的平気なところからはじめる

3 広い面積を、均等な圧力で押す。強くギュッと押さないと注意や関心が向かない場合が多い。ただし子どもが痛がらない程度の強さに。

4 識別系が働いているときは、子どもはさわられている部位に視線を向ける。目を向けなくても、気にするそぶりをする。

さわっているところや親に子どもの目が向いていれば、適切な強さで押せている

道具を使ってタッチング《アレンジ》

触覚の鈍麻がある子は、素手で押すタッチングでは注意が向かない場合がある。タワシのように感触のかたい日用品を使ってタッチングをするとよい。

- タワシ
- ザラザラするスポンジ
- ヘアブラシ
- 掃除・洗濯用のブラシ

5 子どもが注意を向け続けるように強さを調整。さまざまな部位を押していく。

- 回数の目安：週 2 〜 3 回、ひとつの部位を 10 〜 20 秒間押し、合計で 3 〜 5 分間じっくりとりくむ
- 程度の目安：腕や手首は広く均等に圧力をかけるのが基本。指先は 1 本ずつ押す
- 難易度アップ：子どもの興味をひくおもちゃを横に置く。それでもタッチングに注意を向けられるか

手のタッチングクイズ

手に○△×や数字、文字を書いてクイズ

どんな子に向く？

- コップの飲み物をこぼす
- 手遊び歌にあわせるのが苦手
- 鍵盤ハーモニカを弾くのが苦手

1 子どもは目を閉じる。大人は子どもの手をとって、人差し指の先で子どもの手に数字や○△×などの図形を書く。なにを書いたか当ててもらう。

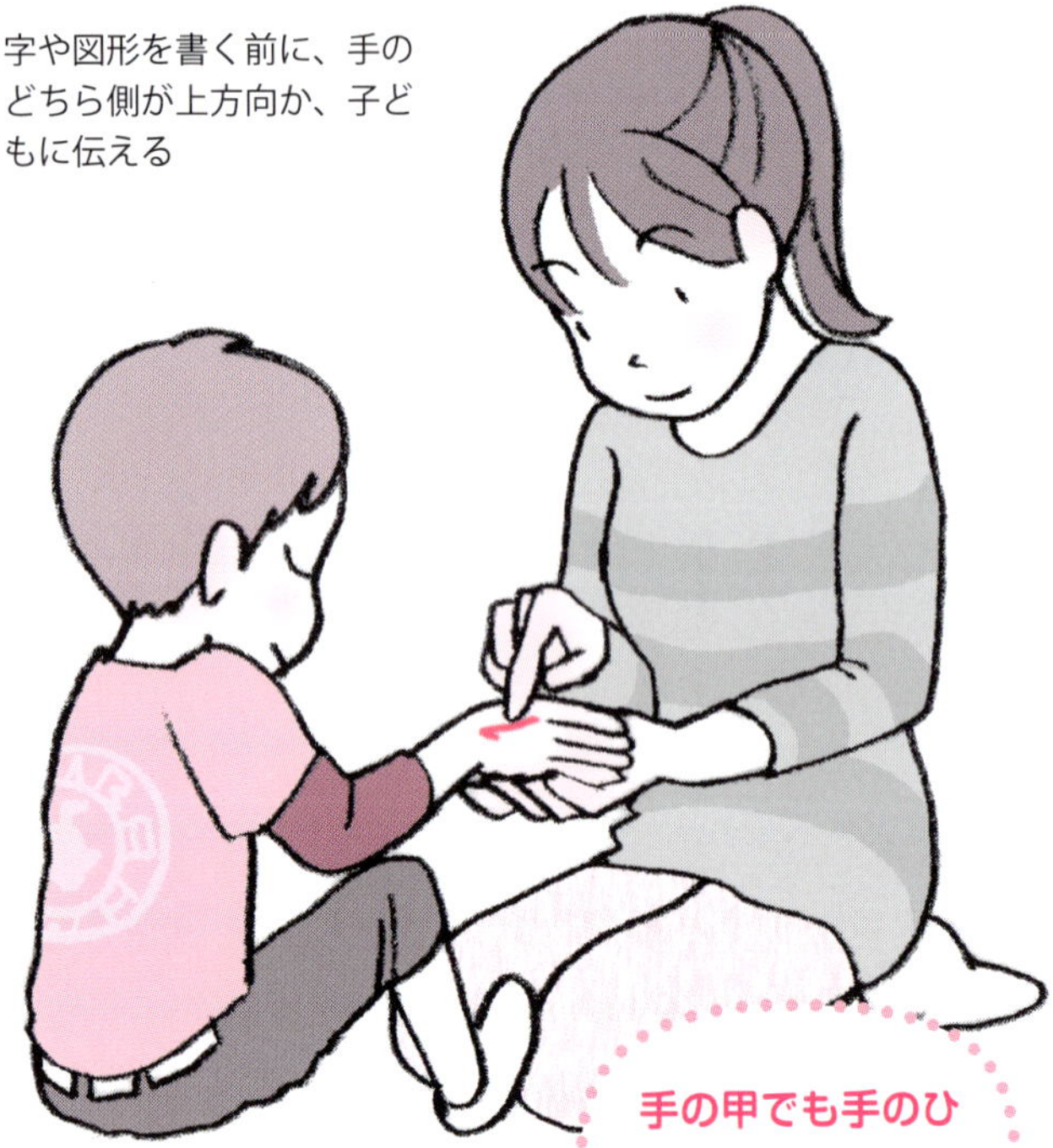

字や図形を書く前に、手のどちら側が上方向か、子どもに伝える

手の甲でも手のひらでも、どちらでもよい

ねらい

触覚の「識別系」を使う

タッチングと同様に、識別系を使う。クイズの場合は手のどの部分がさわられているかを実感しながら、字の形を思い浮かべるため、手のボディイメージや視空間認知能力の発達も期待できる。

効果

指・手の動きがスムーズに

手のボディイメージが育つため、指と手を思いどおりに動かしやすくなる。指の１本１本が実感できるようになるので、ものを扱いやすくなり、手遊び歌、楽器の演奏にもとりくみやすくなる。

指先はスペースがせまいので、○△×などのシンプルな図形がよい

2 子どもが手の甲や手のひらに注意を向け、書かれたものを答えることができたら、今度は指にチャレンジ。子どもの指の腹に書く。

調整ポイント

子どもの状態にあわせて、腕、手、指のうちどこに書くかを決める。必ずしも指でできなくてもよい

3 ふれられることにもクイズにも慣れてきたら、ステージアップ。形の似た字にチャレンジ。

- 回数の目安：週2～3回、1回10問
- 程度の目安：ゆっくり線を引く。1文字・1図形に5秒以上はかける
- 難易度アップ:6と9、「し」と「つ」、「こ」と「い」など、向きの判断の難しい字に

アレンジ

シール遊び

子どもが目隠しをした状態で、その子の指・手・腕のどこかに小さなシールを貼る。子どもにシールをはがしてもらう。目隠しをすることで、触覚をよく使い、ボディイメージが育つ。

指のつけねと腕など、離れた2ヵ所に同時に貼ると、難易度が高くなる

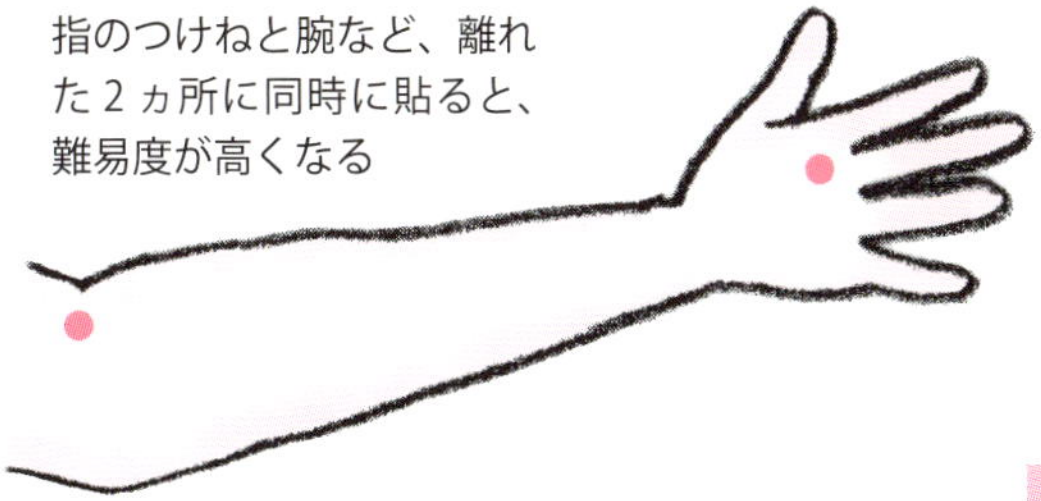

コイン遊び

親指と人差し指でコインをつまみとる

1 　コインを数枚、用意する。子どもが指でつまみやすいサイズのものがよい。貯金箱も用意する。

お金の実物を使って遊ぶことに抵抗があれば、おもちゃのコインでもよい

指と指の間にコインをはさみ、力を入れて固定する

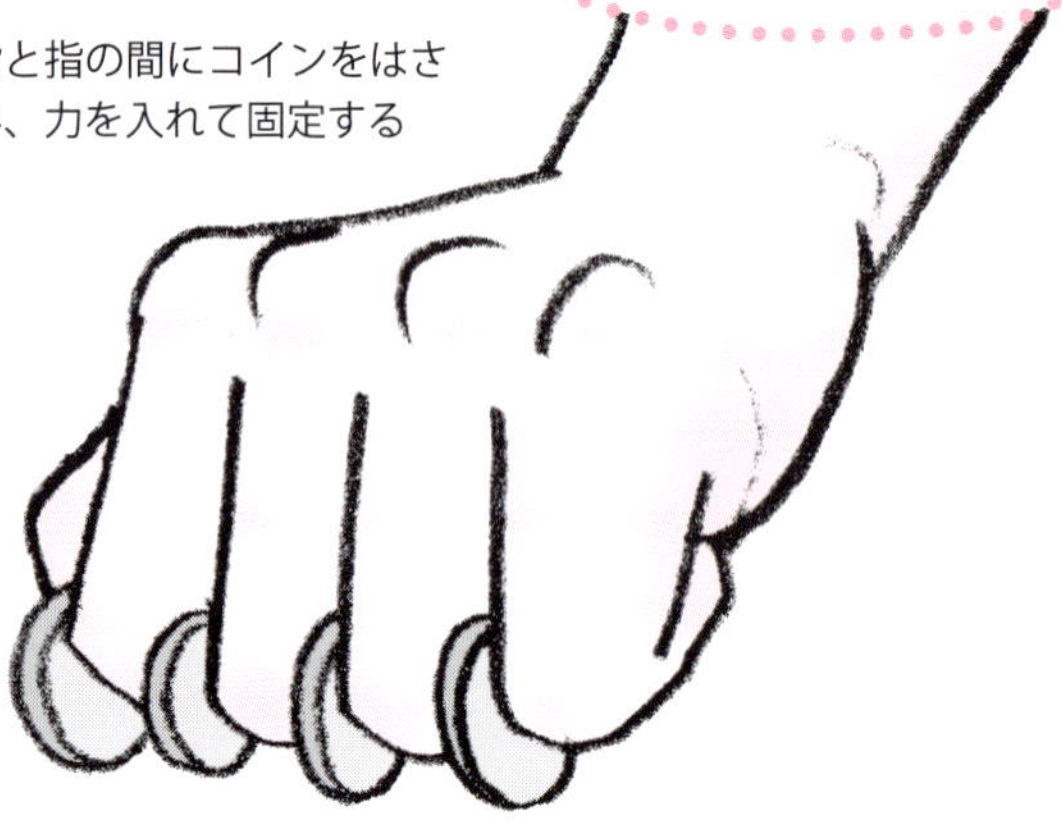

2 　親が自分の指をグーの形ににぎる。そして指と指の間にコインをはさむ。力をこめなければいけないため、指の関節と関節の間にはさむとよい。

どんな子に向く？

- ファスナーのとめはずしが苦手
- ボタンのとめはずしが苦手
- えんぴつが正しく持てない

ねらい

パワーピンチの発達

　親指・人差し指を（場合によっては中指も）使い、ものをしっかりとつまむ動作「パワーピンチ」の経験をつむ。指先を向かい合わせて、コインをしっかりとつまむことがポイントに。

効果

ボタン・ファスナーがとめられるように

　指先にしっかりと力を入れられるようになる。ボタンやファスナーの金具をとめることや、えんぴつの操作、男の子の場合はトイレで用を足すことが、うまくできるように。

調整ポイント

子どもが指に力を入れないとコインを抜けないように、親が力加減をする

3　子どもが親指と人差し指を使って、親の指の間からコインをつまみとる。コインをしっかりとつまみ、力を入れて引き抜く。指先でほじくり出すのもよい。

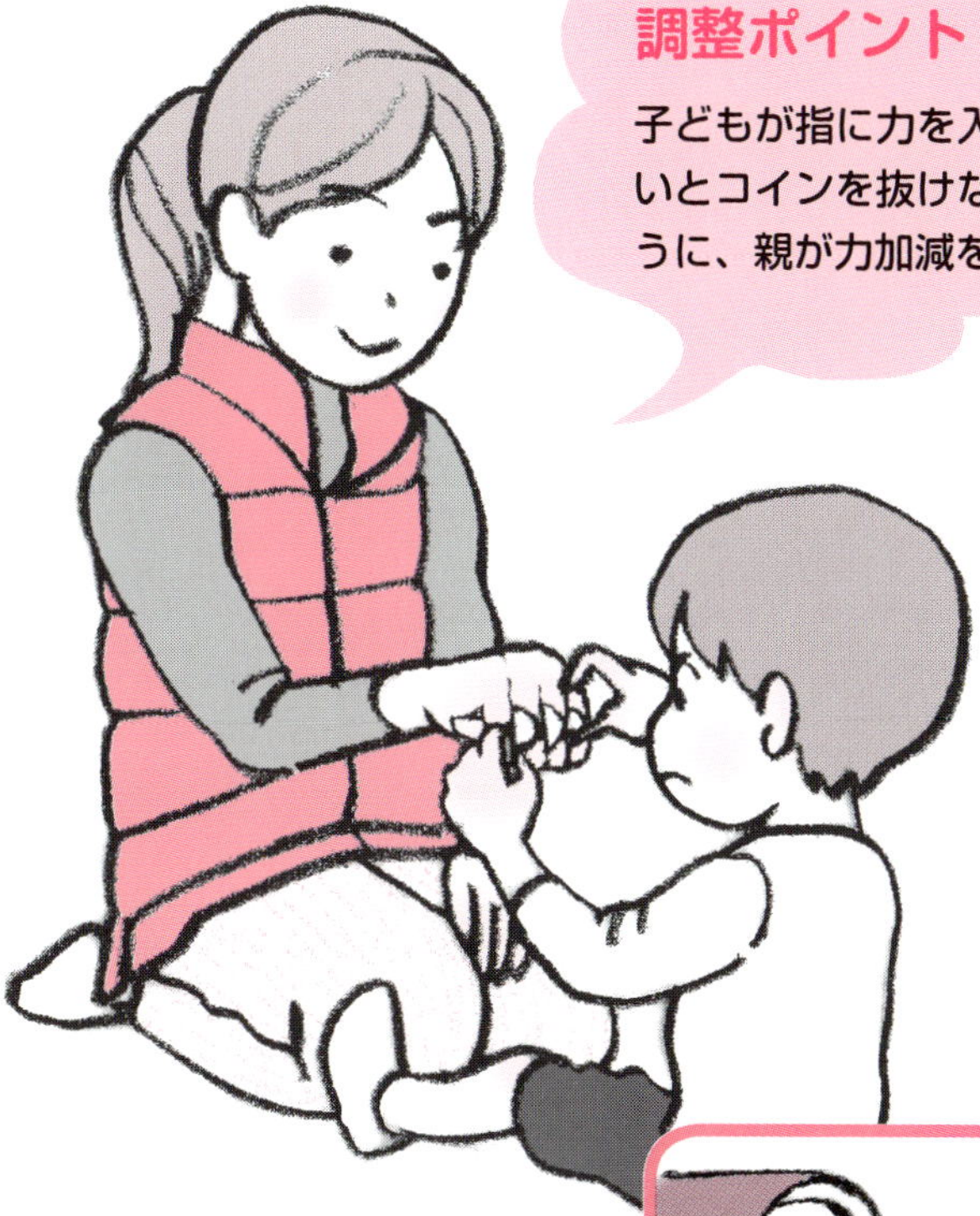

座って向かい合い、子どもが親の指の間からコインをつまみとる。なかなか抜けないように、親が力を入れる

4　つまみとったコインを貯金箱に入れる。そして次のコインをつまみとり、また貯金箱へ。同じ動作をくり返す。

- 回数の目安：週 2 ～ 3 回、5 ～ 10 分
- 程度の目安：力を入れすぎて手が痛くならないように注意
- 難易度アップ：コインを何枚かつまみとってにぎってから、1 枚ずつ貯金箱へ

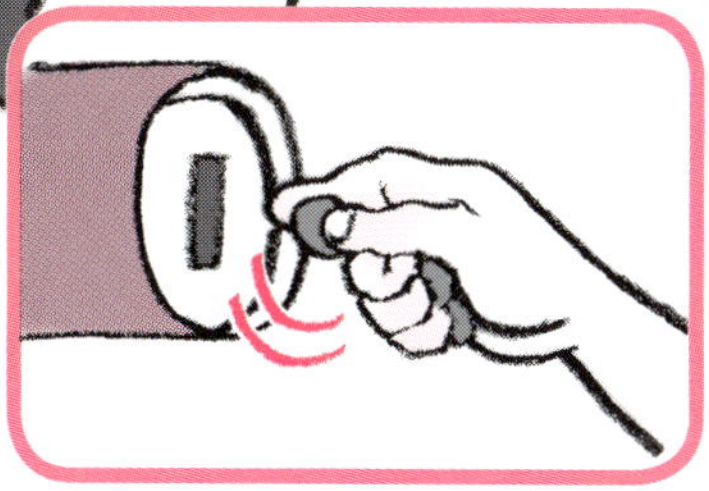

親指・人差し指でコインをくり出して、貯金箱に入れる

アレンジ

ビー玉遊び

小さなカップにビー玉を入れて、指先で手早くとり出す。親指・人差し指を使ってビー玉をほじくり出したり、つまみ出したりすることで、指先を向かい合わせてつまむ動きを育てることができる。

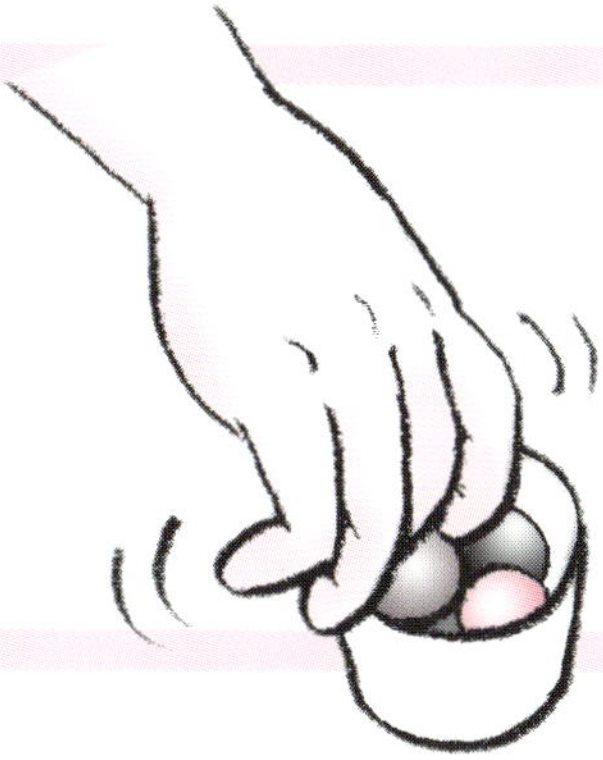

とり出すまでのタイムをはかって遊ぶと楽しめる

ペン遊び

キャップが傾かないように ペンを動かす

どんな子に向く？

- はしを上手に使えない
- 小学生でくつひもがむすべない
- 字やぬり絵が枠線からはみ出す

1

子どもがペンを持ち、親指・人差し指・中指で、水平方向に回転させる。その際、薬指と小指はペンの位置を固定するために使う。ペンは子どもが持ちやすいサイズのものを使う。

キャラクターの顔がついたペンキャップを使うと、傾きをチェックしやすい

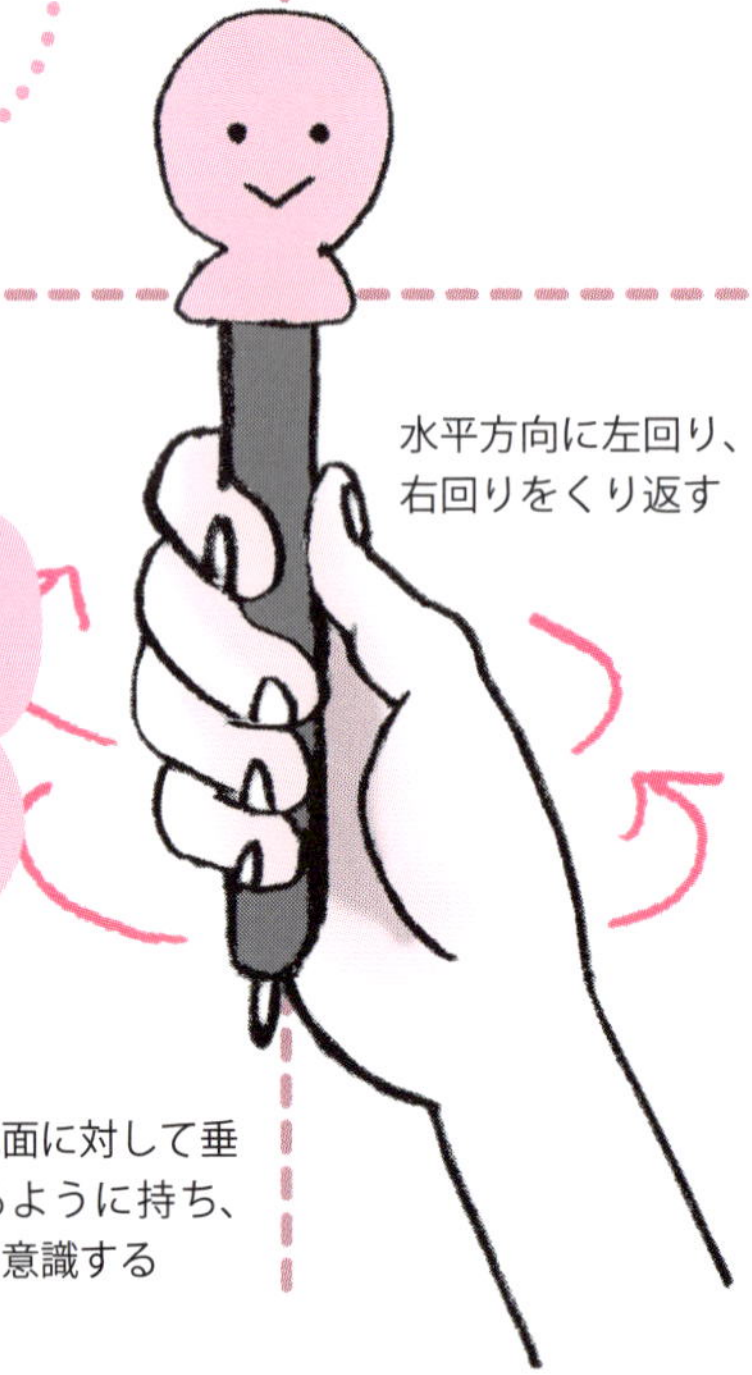

水平方向に左回り、右回りをくり返す
ペンが地面に対して垂直になるように持ち、中心軸を意識する

調整ポイント
同じ高さを維持する。キャップが上下やななめにゆれないように回す

ねらい

親指側と小指側の使い分け

親指・人差し指でものを操作する動きを、楽しみながら経験する。同時に薬指・小指でものを支える動作も経験できる。親指側（橈側《とうそく》）と小指側（尺側《しゃくそく》）の使い分け（分離・協応動作）が育つ。

効果

はし・ペン使いが上手に

指の２つの機能の使い分けが身につくと、はしやえんぴつを正しい持ち方で使えるようになる。また、動かし方も正確になる。折り紙を折ったり、くつひもをむすんだり、コンパスを使ったりするのも上手に。

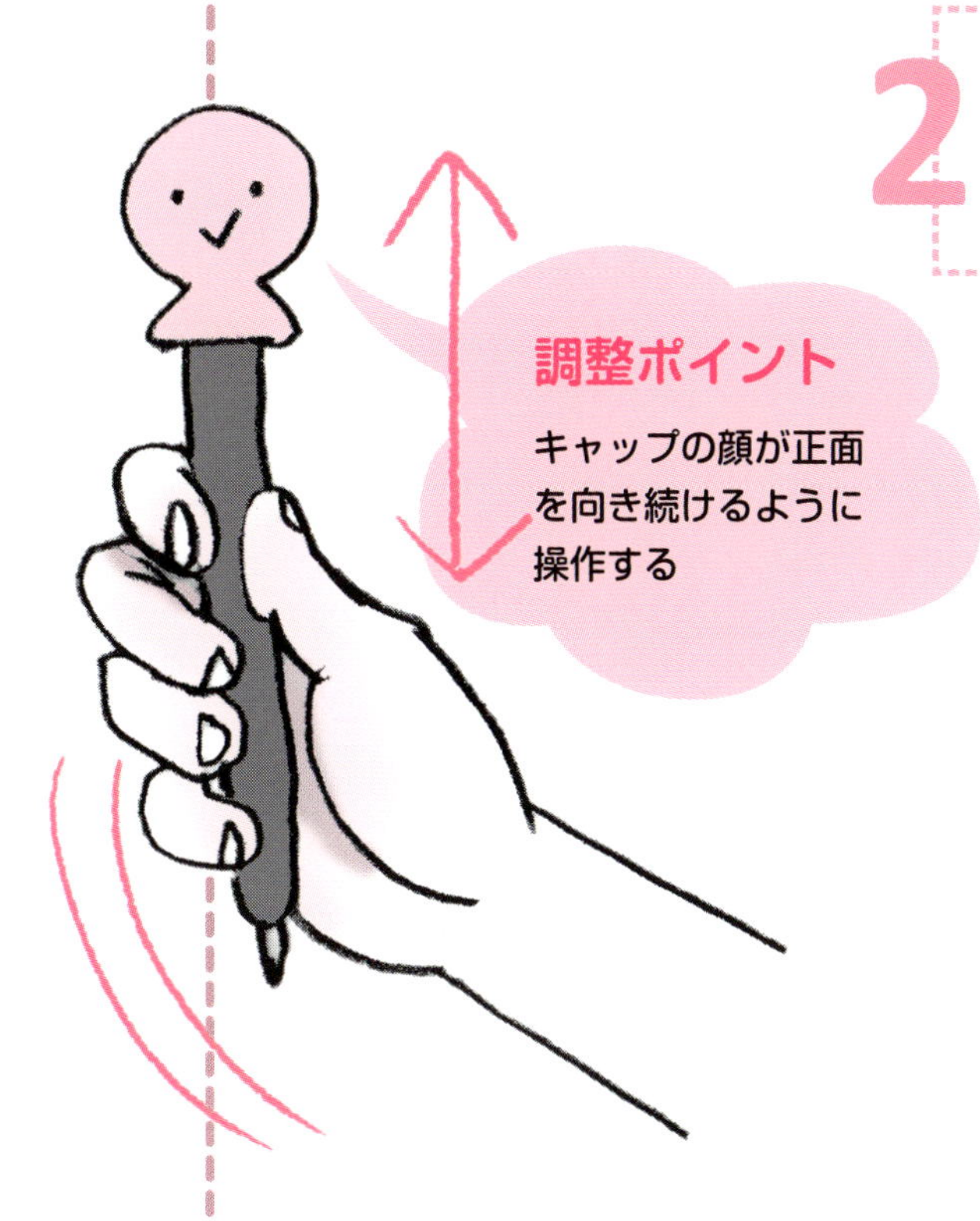
調整ポイント
キャップの顔が正面を向き続けるように操作する

ペンが回転したり、左右やななめにゆれたりしないように操作する

2

回す動きに続いて、ペンを上下に垂直に動かす。このときも親指・人差し指・中指を使ってペンを操作。薬指・小指はペンを支えるために使う。

3

ペン遊びをすると、手の親指側と小指側の働きは違うということが実感できる。本人がそれに気づくことが大切。うまく回せるようになることが目的ではない。

- 回数の目安：週２～３回、５～10分
- 程度の目安：子どもがあきないように
- 難易度アップ：同じペンで同じ動きを続けても効果は薄い。太いペンや長いペンにかえたり、動かし方をアレンジする

ペンつかみ遊び

ペンをテーブルに何本か置く。手のひらを下に向け、親指と人差し指でペンを１本つかみ、そのまま薬指と小指に持ちかえてにぎる。１本をにぎったまま、次のペンを親指と人差し指でつかむ。できるかぎり多くのペンをつまみ上げてにぎる。

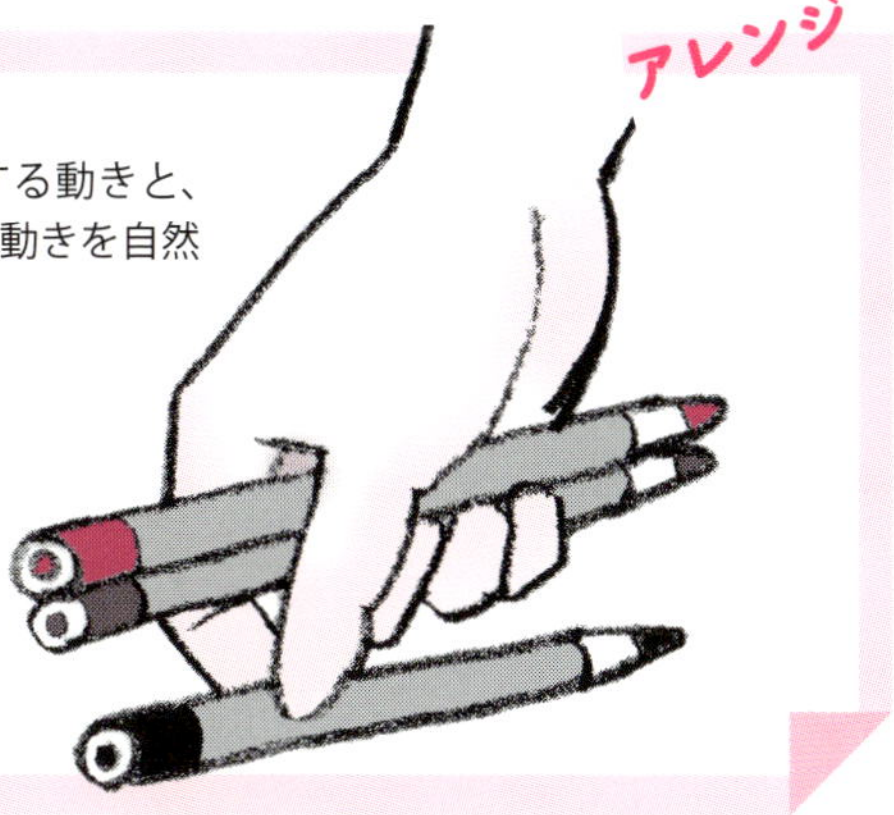
アレンジ

親指側の操作する動きと、小指側の支える動きを自然に体験できる

抜きとり遊び

曲がった棒から輪を１回でスパッと抜きとる

どんな子に向く？

- スプーンを上手に使えない
- ファスナーの上げ下ろしが苦手
- なぞり書きがうまくできない

ねらい

目と手の協応の発達

抜きとる方向を目で見て、手をコントロールすることで、目と手の協応が育つ。最初は動きがぎこちないが、じょじょに力加減や方向の切りかえが上手になっていく。

効果

手・腕の動きがなめらかに

抜きとり遊びで主に使うのは手と腕。指先を使う遊びとは違って、手と腕の可動性が発達する。スプーンやフォークの動かし方や、ファスナーの操作、線をなぞって字を書くことなどが丁寧になる。

1

遊びに使う棒と輪を用意する。100 円ショップなどで、木の棒と、その棒よりも口径がやや大きい輪を用意する。

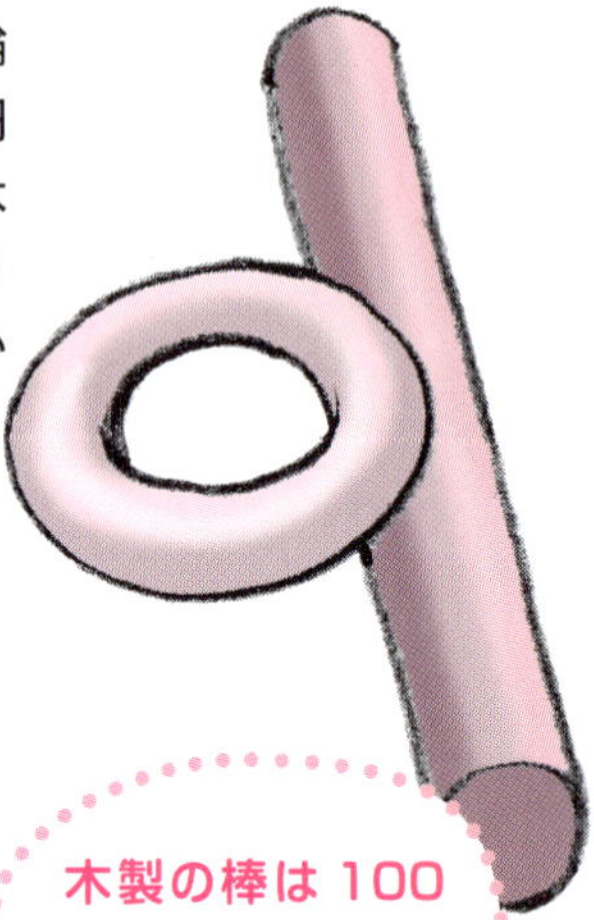

加工しやすい木製の棒がよい。子どもが力を入れても折れないように、太めのものにする

木製の棒は 100 円ショップやホームセンターなどで手に入る

ノコギリなどを使って、棒をななめに切断する。ホームセンターなどで切断してもらうのもよい

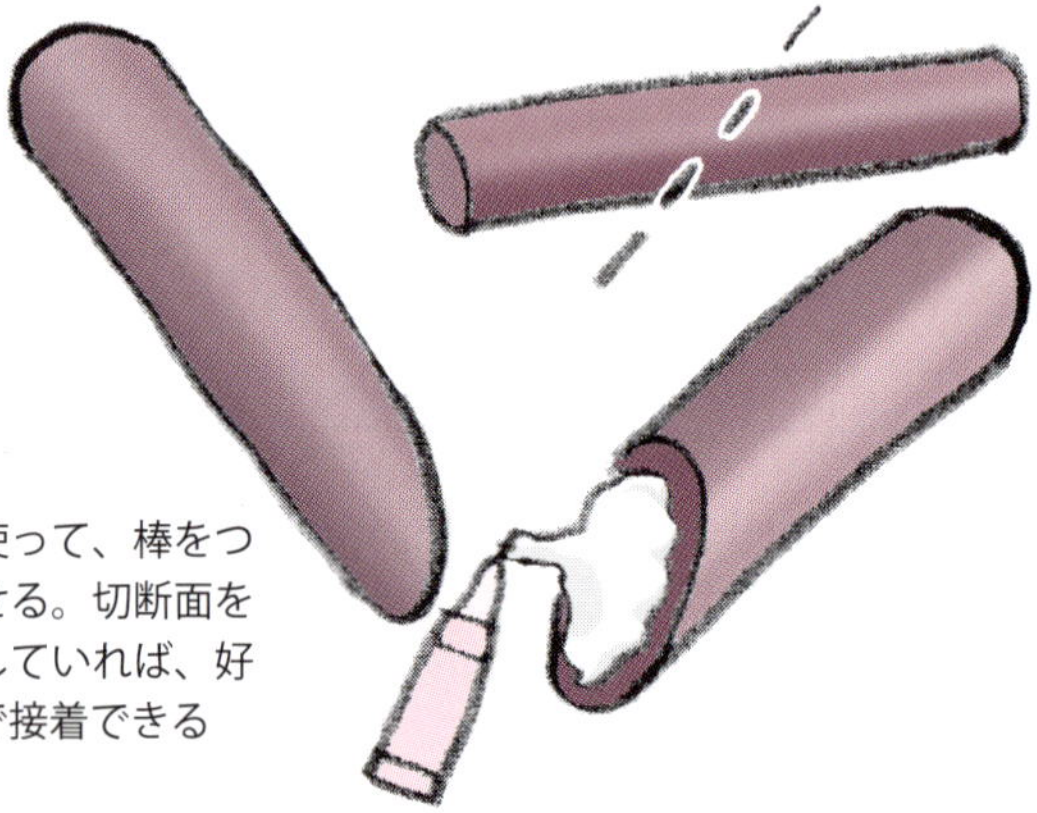

接着剤を使って、棒をつなぎあわせる。切断面をななめにしていれば、好きな角度で接着できる

2

棒と輪が準備できたら遊びをスタート。棒に輪をかけて、親が棒を持つ。子どもに、輪を抜きとるように指示する。最初は直線の棒からチャレンジして、それができたら角度をかえて曲げた棒にとりくむ。

横向きに抜きとることができたら、親が棒を立てたりななめにしたりして、さまざまな向きでチャレンジ

調整ポイント

毎回同じ形の棒だと、動作を記憶してできるようになる子がいる。慣れたら形をかえる。木材の加工が難しければ、プラスチック製のパイプと接続部品を使うのもよい

3

子どもが輪を１回で抜きとれれば成功。直線の棒は簡単だが、Ｌ字に曲がった棒は難しい。力加減や方向の切りかえに手間どる子もいる。手本を見せたり、最初は手をとっていっしょにやったりしてもよい。

- 回数の目安：週２～３回、５～10分
- 程度の目安：力加減の苦手な子は、細い棒だと折ってしまう。道具を調整する
- 難易度アップ：棒の形を複雑に

曲がる部分で、手首を返して方向を切りかえることで、手や腕の動きが育つ

アレンジ

目隠しでチャレンジ

抜きとり遊びは見ながら楽しむと、目と手の協応が育つ。目隠しをしてチャレンジすると、触覚－固有覚系の働きがより強くなり、手探りで手・腕を動かす力が伸びる。

砂文字なぞり

モコモコ文字やザラザラ文字をなぞって当てる

どんな子に向く？

- 字の書体がくずれやすい
- ボタンのとめはずしが苦手
- 鍵盤ハーモニカを弾くのが苦手

1 線を書いて乾かすと、線がモコモコと盛り上がって固まる、おもちゃのペンを用意。文具店や玩具店などで手に入る。厚紙や板も用意する。

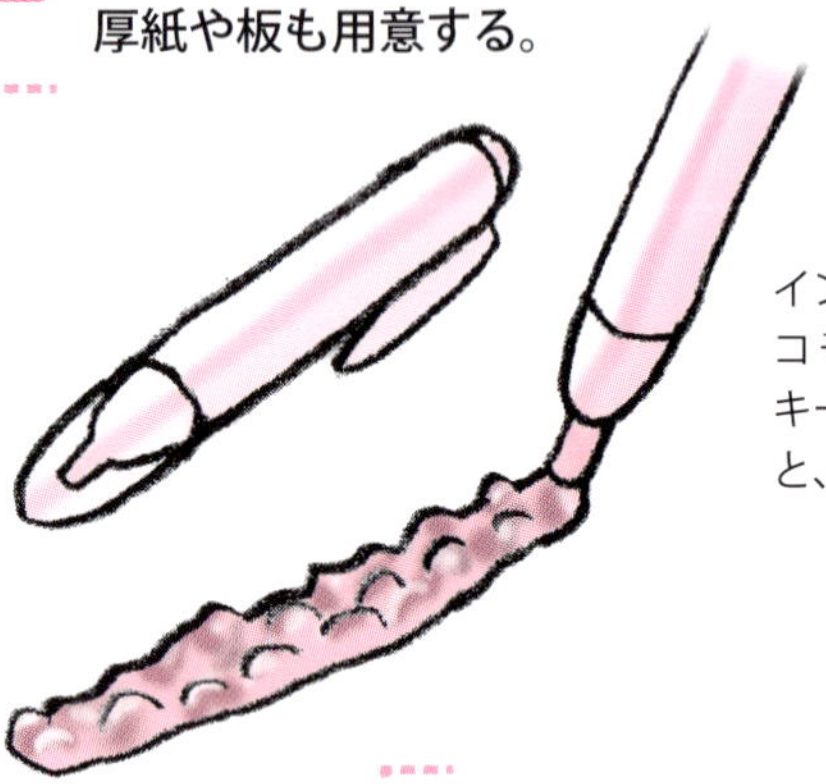

インターネットで「モコモコペン」というキーワードで検索すると、商品が見つかる

2 ペンで厚紙や板に図形や文字を書く。乾かして、線を盛り上がらせる。ペンが手に入らない場合には、図形の形に切った紙やすりを、厚紙や板に貼ってもよい。

モコモコペンで○や△などの図形を書く。子どもの理解力に応じて図形や文字を決める

ねらい

触覚－固有覚系の発達

手探り遊び（P66〜71参照）と同様に触覚－固有覚系がよく働き、整っていく。手元を見ながらおこなうと、視空間認知を育てる遊びになる。目を閉じておこなうと、指先の器用さを育てる遊びに。

効果

手作業の正確性がアップ

手探り・指探りが上手にできるようになるため、ボタンをとめるときや、楽器を弾くときなどに、手や指をより正確に動かせる。文字をなぞることで字の形の認識もよく育ち、書字も上達する。

3

モコモコ文字や、紙やすりのザラザラ文字を用意できたら、子どもにそれを指先でなぞってもらう。目隠しをしてなぞり、どんな図形・文字か当ててもらう。

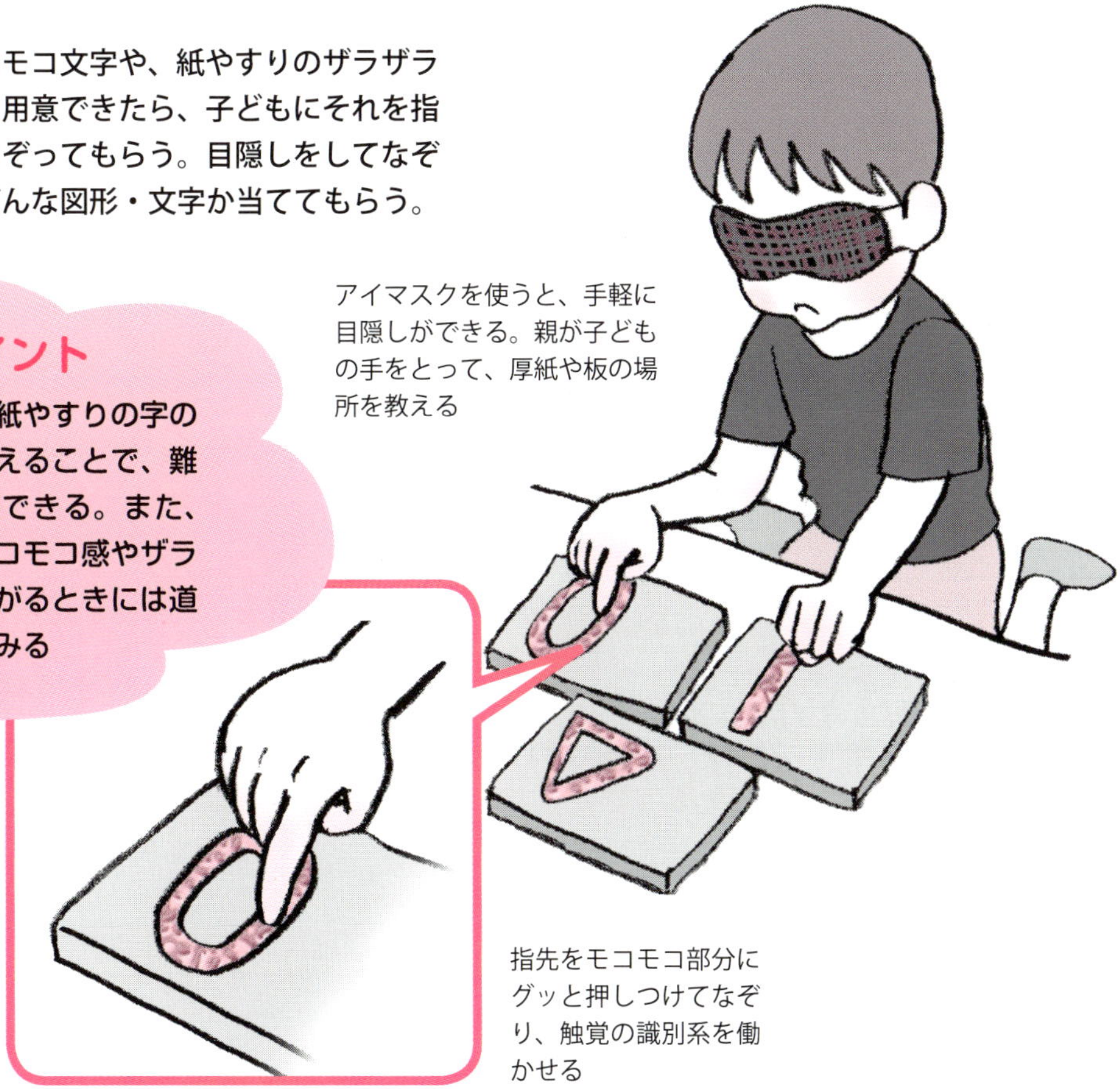
アイマスクを使うと、手軽に目隠しができる。親が子どもの手をとって、厚紙や板の場所を教える
指先をモコモコ部分にグッと押しつけてなぞり、触覚の識別系を働かせる

調整ポイント

モコモコや紙やすりの字の大きさをかえることで、難しさを調整できる。また、子どもがモコモコ感やザラザラ感を嫌がるときには道具をかえてみる

4

手探り遊びと同じ要領で、紙袋や洗濯ネットなどで手元を隠してもよい。指先で図形・文字の形を感じとることが重要。

- 回数の目安：週 2 ～ 3 回、5 ～ 10 分。1 回あたり 5 問程度
- 程度の目安：子どもが読めない字、読めても難しい字の使用はさける
- 難易度アップ：サイコロの目のように点を打ち、その数をさわって当てる

アレンジ

ブロック探し遊び

モコモコ文字、ザラザラ文字で書いた図形を口頭で答えさせるのではなく、同じ図形を、各種ブロックのなかから探し出してもらう。ブロックを見ながら探すのがレベル 1、目隠しをしたまま探すのがレベル 2。難易度調整ができる。

手探り遊び ❶

袋の中でどの指をさわられたか当てる

1

手を隠すための道具を用意する。紙袋のように手が完全に見えなくなるものから、洗濯ネットのようにある程度は見えるものまで、子どもにあわせて調整する。

紙袋やビニール袋は用意するのが簡単。安価なので切って加工するのも抵抗なくできる

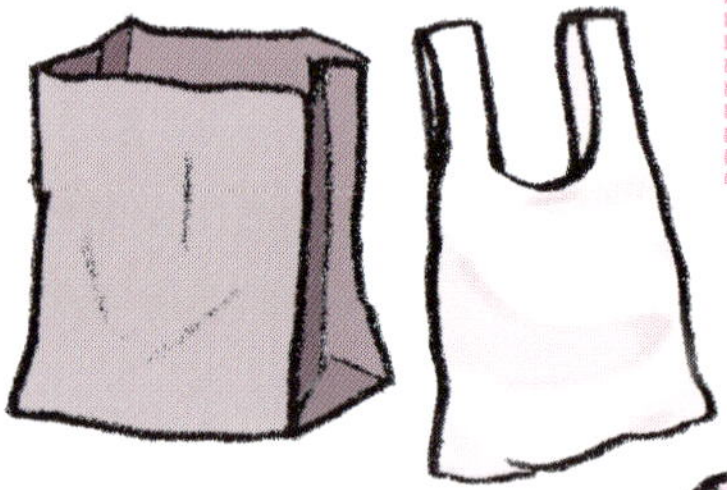

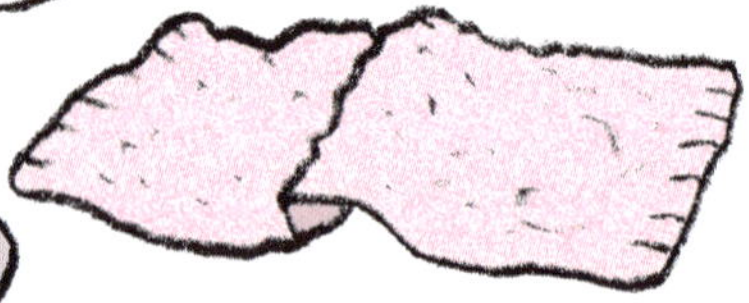

タオルなどの布類は手近だが、隠し方が不十分になることもあるので注意

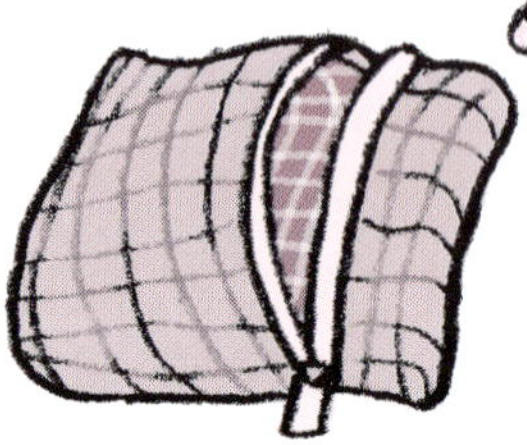

洗濯ネットは、手を入れたときに、手の大きさや動きが少し見えるため、使いやすい

調整ポイント

手を隠す道具の透明度によって手の見え方・遊びの難しさが変わる。苦手な子には半透明の洗濯ネットを活用する

どんな子に向く？

- ボタンのとめはずしが苦手
- あやとりが楽しめない
- 指しゃぶり・爪かみをする

ねらい

触覚の「識別系」を使う

タッチングと同様に、識別系を整える。袋の中に手を入れ、手が見えなくなった状態でさわられると、触覚の識別系が整う。指の１本１本のイメージが育ち、指の機能の使い分けも発達しやすくなる。

効果

指・手の動きがスムーズに

P56 のタッチングクイズと同様に、手や指のボディイメージが発達して、ボタンのとめはずし、あやとり、楽器の演奏などが丁寧になる。識別系が整うことで、指しゃぶりなどのくせも減る。

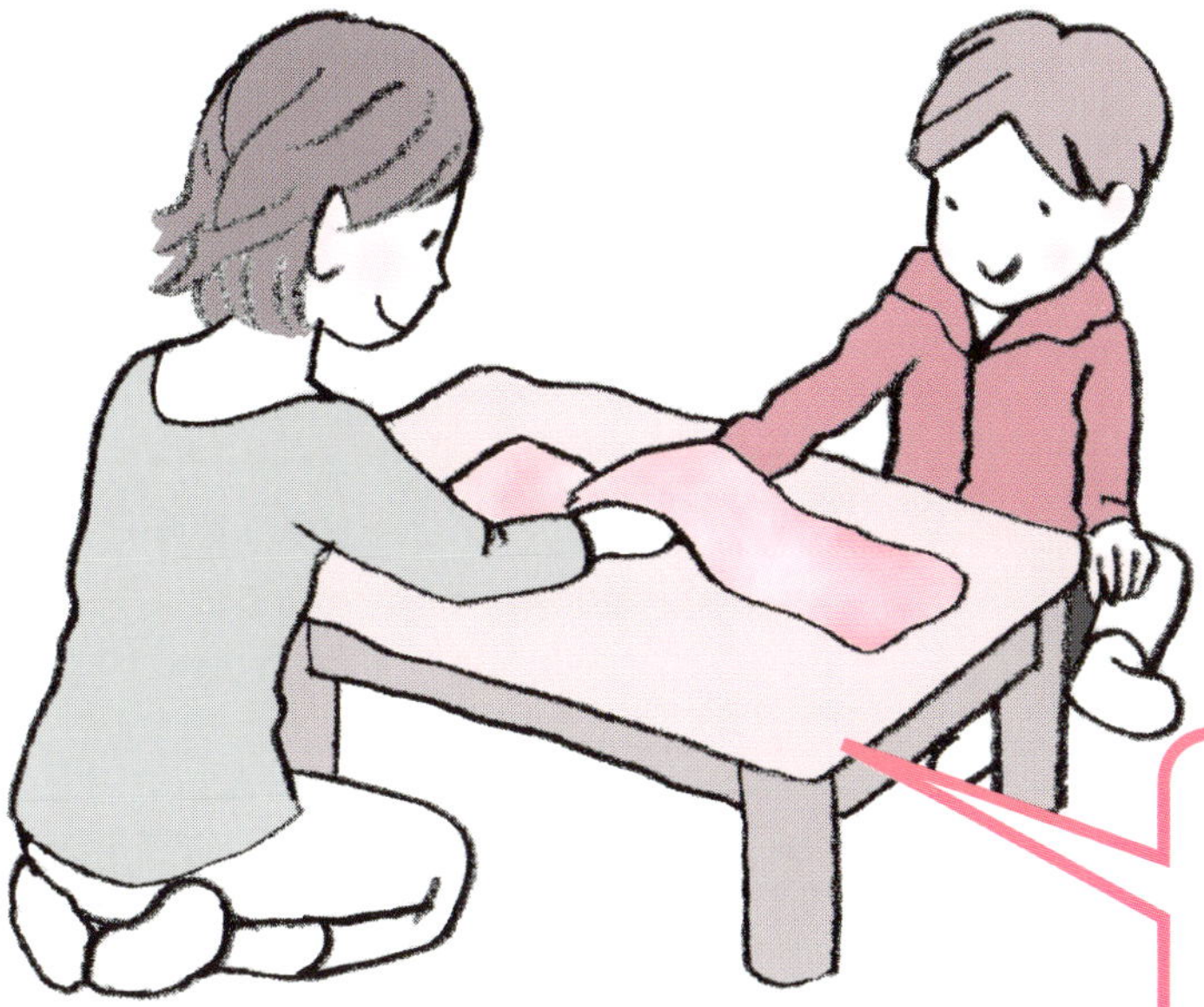

2
袋を使う場合には底を切って開け、大人と子どもで、両側から手を入れる。大人が子どもの手にさわり、どの指にふれたか当てさせる。

タオルなどで手を隠してクイズ。手が見えないので、必然的に触覚をよく使う

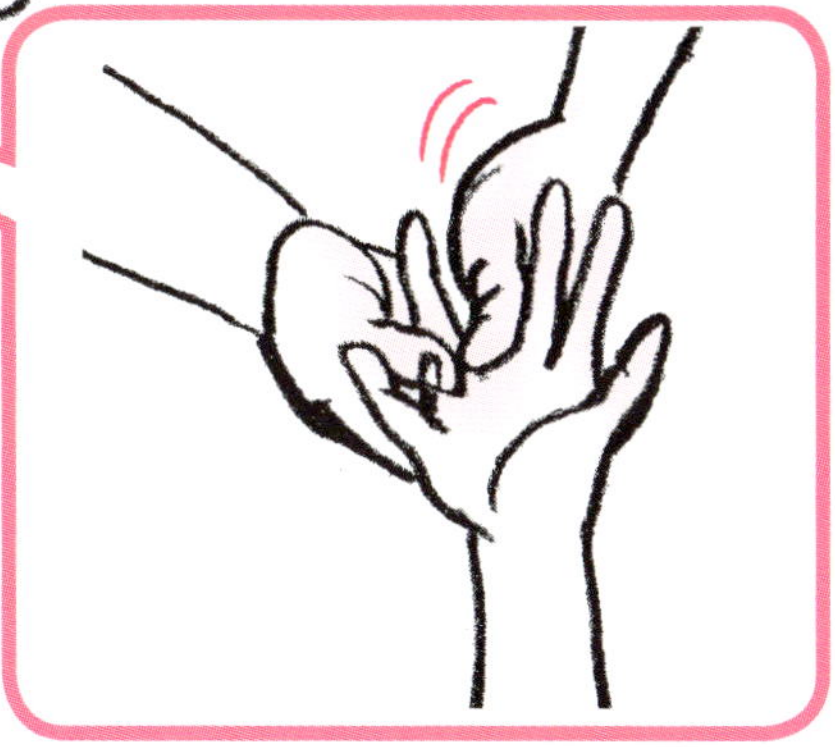

そっとふれるだけでは識別系は働かない。タッチングと同様にギュッとつかむ

3
指を当てられるようになったら、指の第一関節や第二関節、つけねなどのうち、どの部位をさわったか、子どもに指さして示してもらう。

- 回数の目安：週２～３回、３～５分
- 程度の目安：袋の透明度や、当てる部位の複雑さによって調整する
- 難易度アップ：さわるときの圧力を弱くしていくと難しくなる

アレンジ

さわったものはなに？

子どもが袋などに手を入れ、手が見えない状態にする。大人が子どもの指や手に、さまざまな日用品を当てる。子どもに、いまさわったものについて、素材や形などを答えてもらう。

タワシやスポンジ、ブラシなど、感触が明らかに違うものを用意するとよい

手探り遊び ❷

砂場におもちゃを隠して、宝探しをする

どんな子に向く？

- 指しゃぶり・爪かみをする
- 食べるときに音を立てる
- 鍵盤ハーモニカを弾くのが苦手

1　砂場に隠して「宝」にする道具を用意する。好きなおもちゃがよいが、小さな穴が開いているブロックなど、手入れが大変なものはさける。

似た形のミニカーやキャラクター人形がよい。少量から使いはじめ、数や種類をじょじょに増やしていく

ブロックやつみ木は手入れに手間がかかる

△

砂場に隠せる、やや小さめのおもちゃがよい

ねらい

触覚－固有覚系の発達

P66の手探り遊び①よりも、固有覚系の関与が大きい。触覚－固有覚系がよく働く。同時に、砂とほかのものを区別する作業によって、触覚の識別系も整う。手先でものをさわり分け、操作する力が育つ。

効果

手作業の速さ・正確性がアップ

生活面・学習面ともに、道具の使い方が全般的に器用になっていく。とくに手元を見ないでおこなう作業の速さ・正確性が向上。指しゃぶりなどのくせにも効果がある。

調整ポイント
砂場が広すぎて宝が見つからない場合には遊ぶゾーンを区切ってもよい

宝探しは、きょうだいや友達といっしょに遊ぶとよりいっそう楽しめる

2
公園など、砂場のあるところへ行く。大人が砂場におもちゃを隠す。そのうちのひとつを「宝」に指定して、子どもに、目を閉じた状態でそれを探してもらう。

3
おもちゃがすぐに見つかってしまい、遊びにならないという場合には、もっと小さな人形などを使う。

- 回数の目安：できれば週に2～3回、最低でも週1回、20～30分
- 程度の目安：子どもの年齢・興味にあわせて、宝を選ぶ
- 難易度アップ：形が似ていて判別しづらいものを宝にする

アレンジ

宝箱遊び

条件にあった砂場が近くにない場合には、箱を砂場のかわりに使う。子どもが両手を思いきり動かせるくらいの大きさの箱を用意して、その中におもちゃを入れて宝探し。箱に大豆やあずき、まくらの中身として使われるパイプチップなどを入れて、砂場の砂に見立てるとよい。

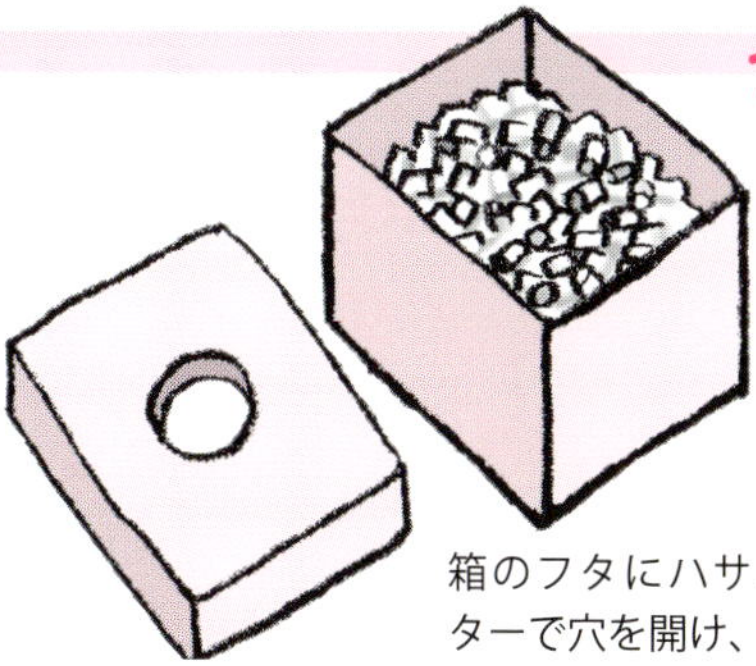

箱のフタにハサミやカッターで穴を開け、そこから手を入れるのもよい

手探り遊び ❸ 手元を見ないでブロックを見本のように組み立てる

1 手元を隠す道具（P66参照）とおもちゃのブロックを用意する。ブロックは子どもが操作しやすく、一定の形をつくりやすいものがよい。

最初は手元を隠さないで、ブロックを見ながら、見本と同じ形をつくる

つみ木は間違えてもわかりにくいので、カチッとはめこめるブロックがよい

どんな子に向く？

- トイレで服がぬれる
- 粘土遊びの幅が広がらない
- 折り紙がきれいに折れない

ねらい

触覚－固有覚系の発達

この遊びでは、視覚を頼らずに、触覚の識別系と固有覚系を手がかりにして、動作の手順をイメージしていく。そのため、ものを組み立てるときの操作機能が育つ。

効果

手元を見ないで作業できる

いちいち手元を見なくても、腕・手・指を動かせるように。男の子はトイレで用を足すときに服をぬらすことが減る。粘土遊びのような空間構成能力を求められる遊びのとき、上手にできるようにもなる。

2

「見本のとおりにブロックを組み立てる」という基本が理解できたら、手元を隠して同じことにチャレンジ。見本を見ながら、手探りでブロックを組み立てる。

3

洗濯ネット１枚では、まだ手元が少し見える。ネットを重ね、じょじょに見えにくくしていき、最終的には完全に見えなくてもつくれるようにする。

- 回数の目安：週２～３回、10 分程度
- 程度の目安：完成までのタイムを区切る必要はない。ゆっくりでもよいので手先をしっかりと使う
- 難易度アップ：見本どおりにつくることには不要なブロックをまぜると難しくなる

洗濯ネットの中にブロックを入れて、手元を隠した状態でチャレンジ。見本を見ながらでもよい

調整ポイント

見本を複雑な形にしていく。使用するブロックの数を増やす

最初はブロック２個の簡単な形から

３個以上のブロックを使った複雑な形へ

アレンジ 覚えて組み立てる記憶クイズ

見本をしばらく見せておき、子どもが形を覚えたら、見本も隠す。記憶にしたがって手を動かし、ブロックを組み立てるクイズに。空間構成能力に加えて、視空間に対する記憶力も育つ。

一〇〇円ショップに役立つ道具がたくさんある

この本で紹介している「遊び」のなかには道具を必要とするものもありますが、その道具は、一〇〇円ショップや文具店などで手軽に手に入るものばかりです。

「遊び」に高価な商品を使わなくてよい

この本では、子どもの適応力を育てることに役立つ遊びを一五種類掲載しています。いずれも、感覚統合の考え方をいかしたもので、監修者の木村が療育指導のときに、親子に家庭でとりくんでもらう「ホームプログラム」として紹介しているものです。

遊びはどれも家庭用プログラムですから、親子で気軽にとりくんでください。

特別な道具や高価な商品を必要とする遊びは紹介していません。いま家庭にあるものか、手軽に手に入るもので、すぐにできそうな遊びだけを紹介しています。

なぜ 100 円ショップなのか

筆記用具から生活用品、工作材料まで、遊びに役立つ道具の大半が、100 円ショップで手に入ります。家庭用プログラムをはじめようとしたとき、道具を簡単に、安価で準備できるのです。

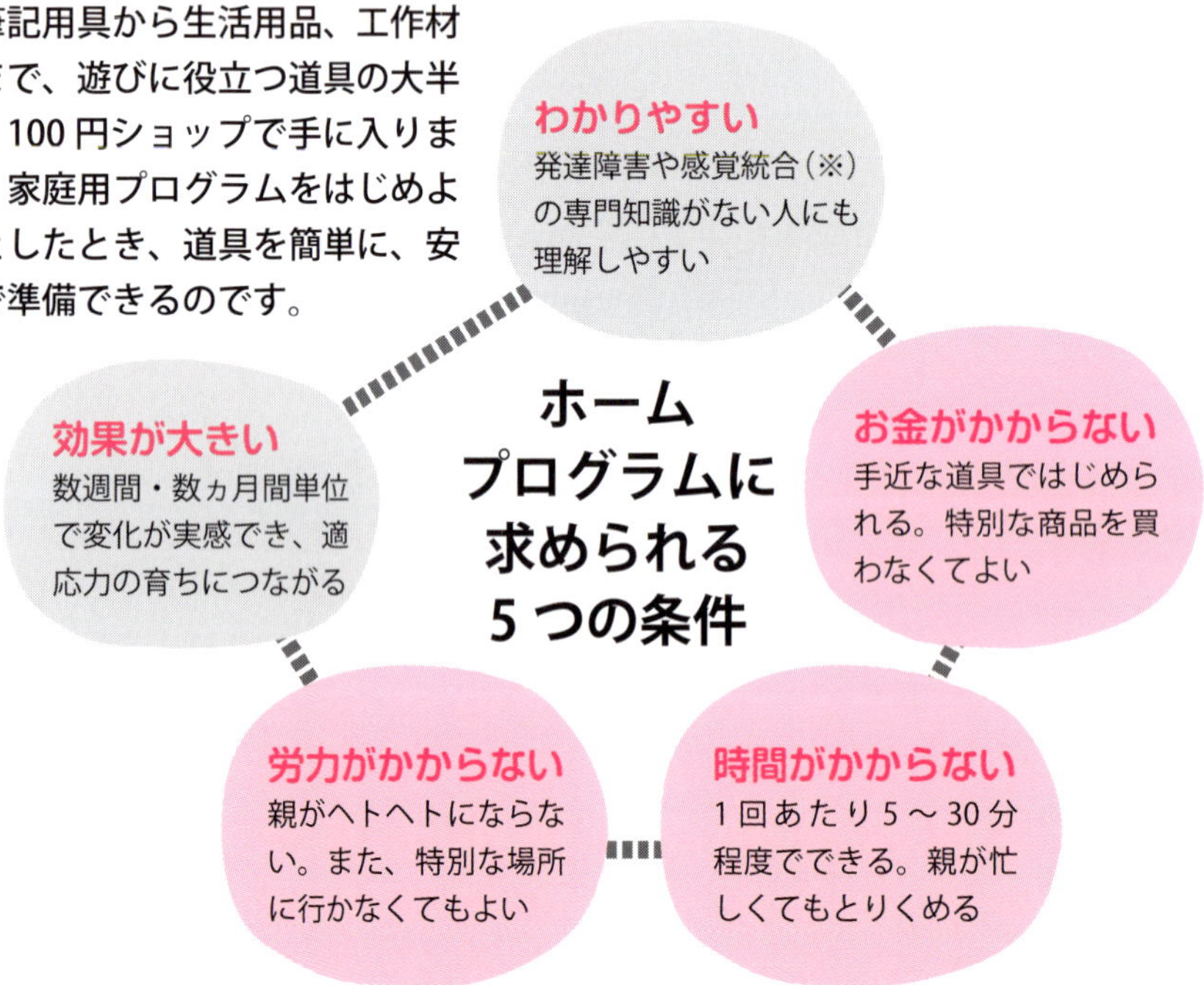
ホーム
プログラムに
求められる
5 つの条件
わかりやすい
発達障害や感覚統合（※）の専門知識がない人にも理解しやすい
お金がかからない
手近な道具ではじめられる。特別な商品を買わなくてよい
時間がかからない
1 回あたり 5 ～ 30 分程度でできる。親が忙しくてもとりくめる
労力がかからない
親がヘトヘトにならない。また、特別な場所に行かなくてもよい
効果が大きい
数週間・数ヵ月間単位で変化が実感でき、適応力の育ちにつながる

簡単に安価な道具がそろうということは、5 つの条件のうち少なくとも 3 つを満たしている

※感覚統合は、脳の中での感覚情報の交通整理によって、生活上の困難の軽減をはかる療育法。本書の「遊び」は感覚統合など、さまざまな療育法をいかしたとりくみです。

「遊び」に役立つ、おすすめの道具

この本の遊びに使う道具は、100円ショップや量販店をいくつか回れば、簡単に手に入ります。おすすめはタッチング用のブラシ類、手探り遊び用のネットなどです。

ブラシやタワシ、スポンジ、耳かきなど、タッチングに使える道具。感触の違うものをそろえるとよい

メモ帳や厚紙、板、ペン、書いた線が盛り上がるペンなどの筆記用具。ペン遊びや砂文字なぞりに使う

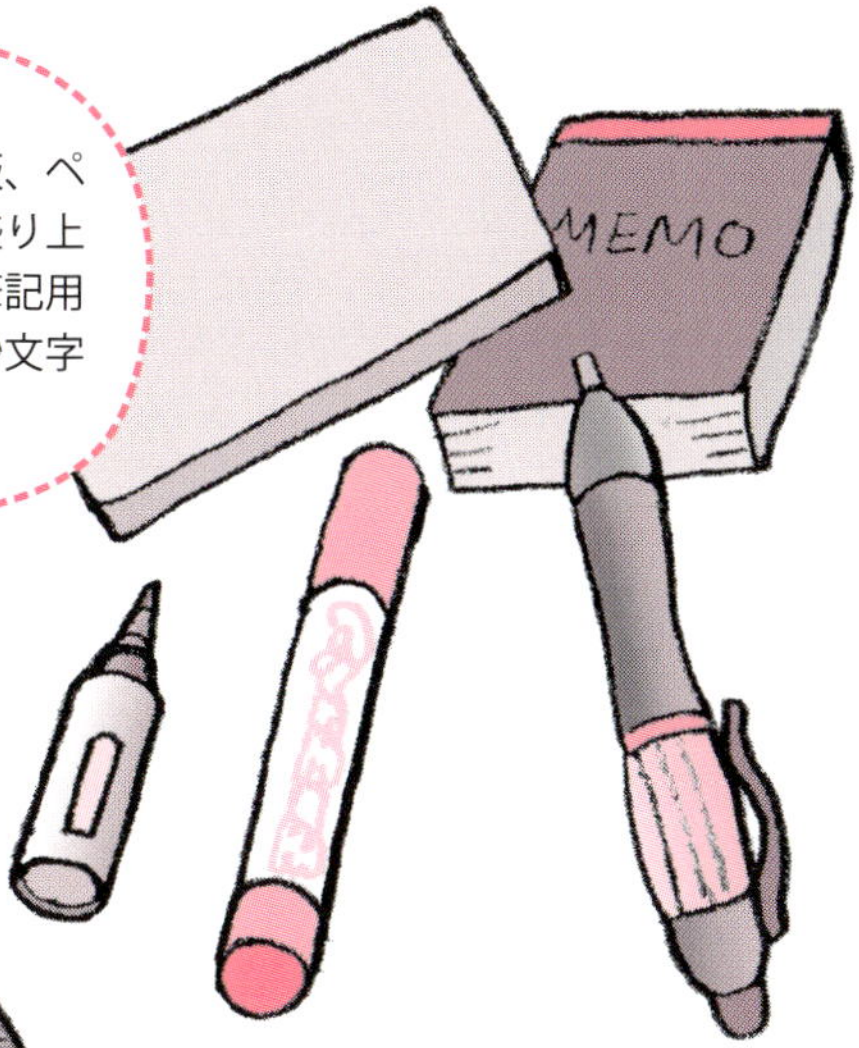

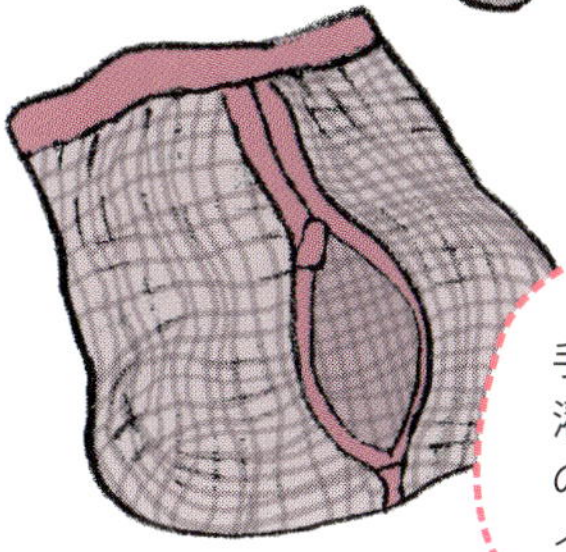

手探り遊びに役立つ洗濯ネット。子どもの手の大きさにあわせてサイズを選ぶ

両替用に使われている1円玉セットや、貯金箱。コイン遊びに使える。おもちゃのコインでもよい

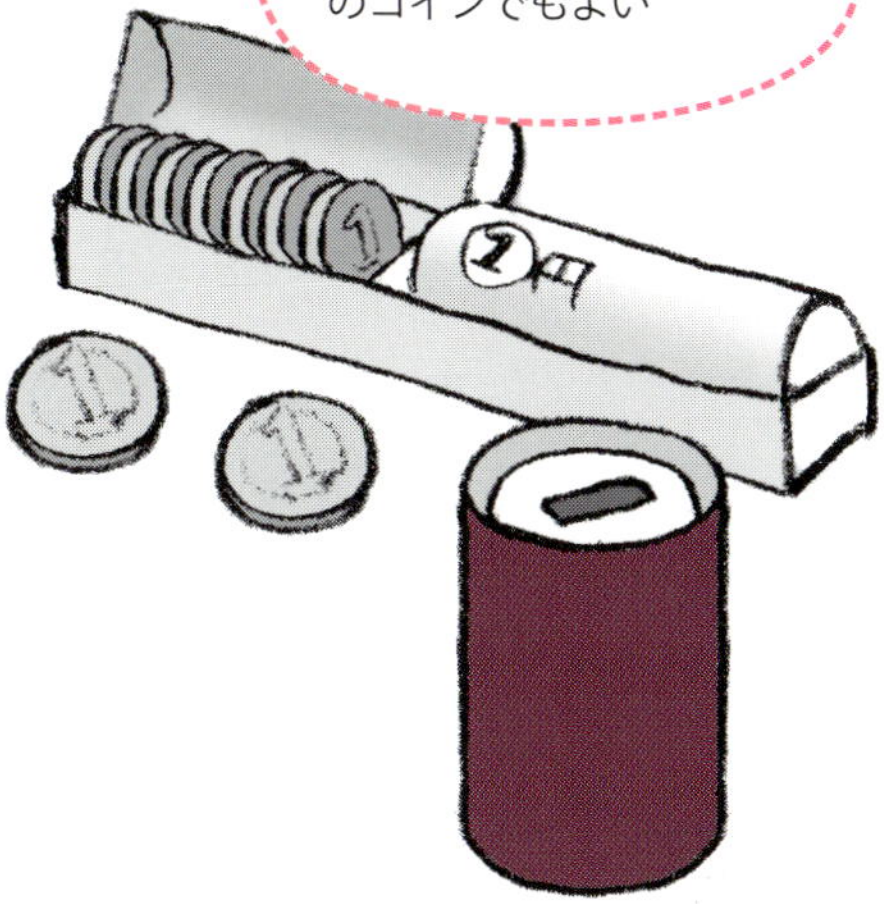

抜きとり遊びに使う、棒と輪。ロールペーパーホルダーの棒は頑丈で、遊びに適している

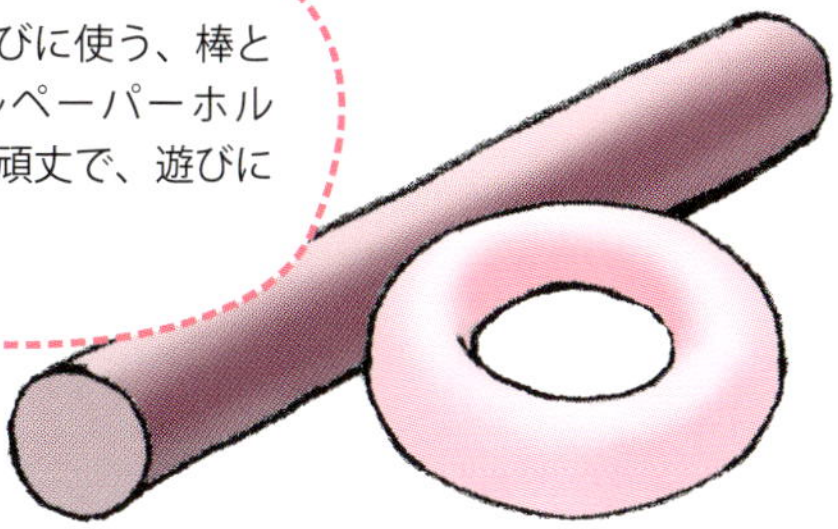

ブランコ遊び

両手でくさりをしっかりつかんで、大きくこぐ

どんな子に向く？

- はしを上手に使えない
- ファスナーのとめはずしが苦手
- ハサミでまっすぐに切れない

1 公園に行って、ブランコをこいで遊ぶ。特別なこぎ方をしなくてよい。ポイントは、親指を使ってしっかりとくさりをつかむこと。

座ってゆっくりとブランコをこぐ。親が支えて動かしてもよい。本人はくさりをつかむことを意識する

ゆれをこわがる子の場合は、小さなゆれ、ゆっくりとした動きからスタート

ねらい

パワーグリップの発達

くさりをしっかりにぎることでパワーグリップの機能が育つ。同時にブランコの前後のゆれによって前庭覚が働き、バランス感覚も整う。正中線の発達をうながし、姿勢の安定や、利き手の発達につながる。

効果

ものをしっかりと持てる

ファスナーなど、ものをしっかりと持てるように。姿勢が整い、スプーンやコップを安定して持つことができる。利き手も発達。はしやえんぴつ、ハサミの使い方が上達する。

ターザンロープ

アレンジ

　アスレチック施設などにある、ターザンロープでも、ロープをしっかりとつかんでパワーグリップを育てる経験ができる。ターザンロープで遊ぶときには、手や指だけでなく、全身も曲げる。そのため、全身の運動発達にもつながる。

まっすぐ進むだけでなく、横にゆれたり、回転したりするとよい

2

　じょじょに動きを大きくしていく。大きくゆらしながらも、両手でしっかりとくさりをつかみ続ける。

- 回数の目安：週1〜2回、10〜20分
- 程度の目安：転落しない程度に大きくこぐ
- 難易度アップ：立ちこぎや、こぎながら立つことにチャレンジ

手元をチェック

調整ポイント

ゆれの大きさで調整。子どもが姿勢を維持するために、くさりをしっかりとつかまなければいけない程度のゆれが必要

くさりをしっかりとつかみ、腕を引きよせる動きがポイント。前に出るとき、つかむ力が弱まりやすいので注意

かんたん腕立てふせ

足を床について、筋トレにならない腕立てふせ

どんな子に向く？

- スプーンを上手に使えない
- コップの飲み物をこぼす
- 給食の配膳のときにこぼす

1　筋力を鍛えるための腕立てふせではない。よつばいになり、手のひらで体を支える。腕が曲がって姿勢がくずれないように。4つのポイントで、支持性の発達がチェックできる。

頭が上がっている
肩甲骨が背中側に浮き出て翼のように見える「ウインギング」状態になっていない
背筋がのびている
手のひらで体を支え、手の指がのびている

この姿勢が「ステージ1」。肩・腕・手の支持性が発達している子は、4つのポイントをすべて満たす。不足がある場合は左ページへ

ねらい

プッシュアップの発達

腕立てふせの姿勢を維持することによって、手のひらで体重を支える「プッシュアップ」の機能が発達。肩や腕の支持性が整い、腕を動かすときにぐらつかなくなる。手先を使いやすくなる。

効果

器用さの基礎ができる

プッシュアップの発達は、手先の器用さの基礎になる。体を支える機能の発達をもとに、指先でものをつまむ力や、手先でこまかな操作をする力が育っていく。スプーンやコップ、お玉などの使い方が上手になる。

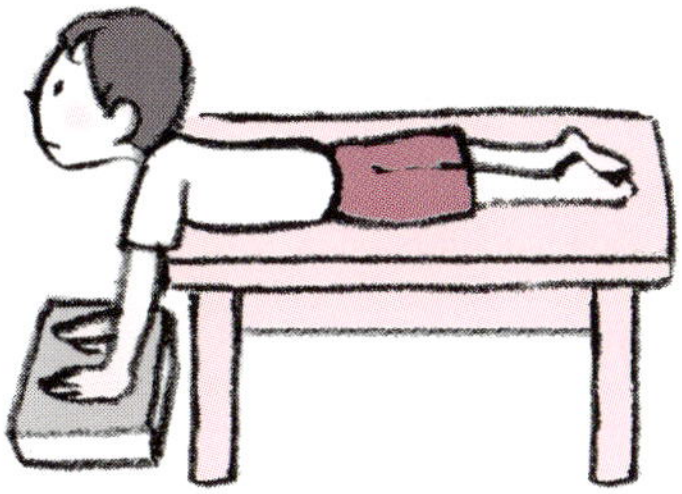

ローテーブルが「ステージ0」。手のひらの下に電話帳などを置いて高さを調整する

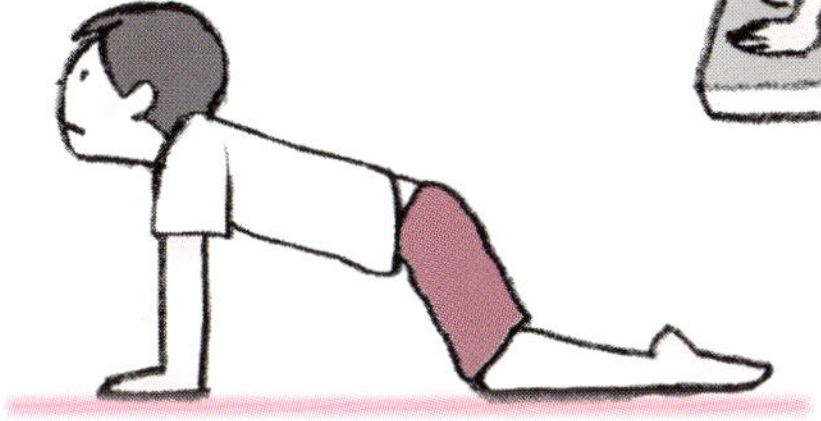

ひざを足側に動かせば「ステージ2」に

2

支持性が未発達な子はまず、テーブルを使った腕立てふせにチャレンジ。低いテーブルに乗ってうつぶせになり、しっかりと肩・腕に体重をかけ、姿勢を支える機能を高めていく。4つのポイントをチェック。

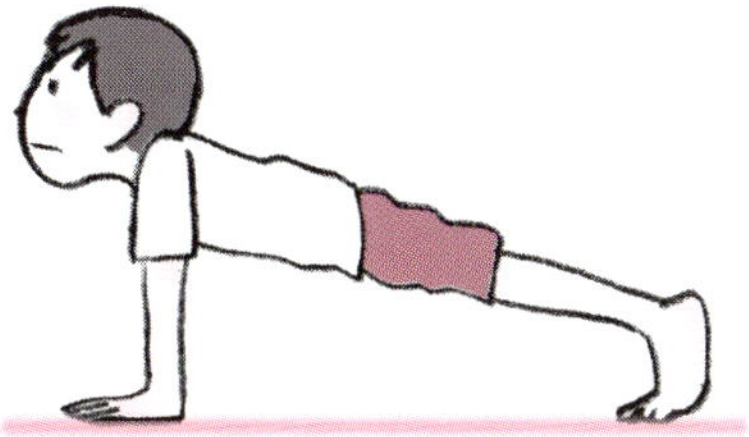

一般的な腕立てふせのように、ひざもすねも床から離すのは「ステージ3」

3

テーブルの上でできるようになったら、床で腕立てふせの姿勢に。P76のポーズをステージ1とし、支持性の発達にともなってステージ2、3へと進む。

- 回数の目安：週2～3回、途中で姿勢がくずれながらも、合計10分
- 程度の目安：4つのポイントが崩れないように
- 難易度アップ：ステージ0～3のうち、子どもが30～60秒程度、体を支えていられるところからスタート

調整ポイント

30秒程度で腕が曲がって姿勢がくずれてしまったら、ステージがあっていない。ひとつ下のステージにする

アレンジ

手押し車遊び

かんたん腕立てふせと同じ姿勢で、手押し車をして遊ぶ。最初は大人がしゃがんで子どもの腰を支える。その際、子どもの背筋がそり返ること、お尻が上がって背筋が湾曲することは姿勢のくずれにつながるので要注意。

前に進まなくてもよい。体重を支える経験が器用さの基礎づくりになる。

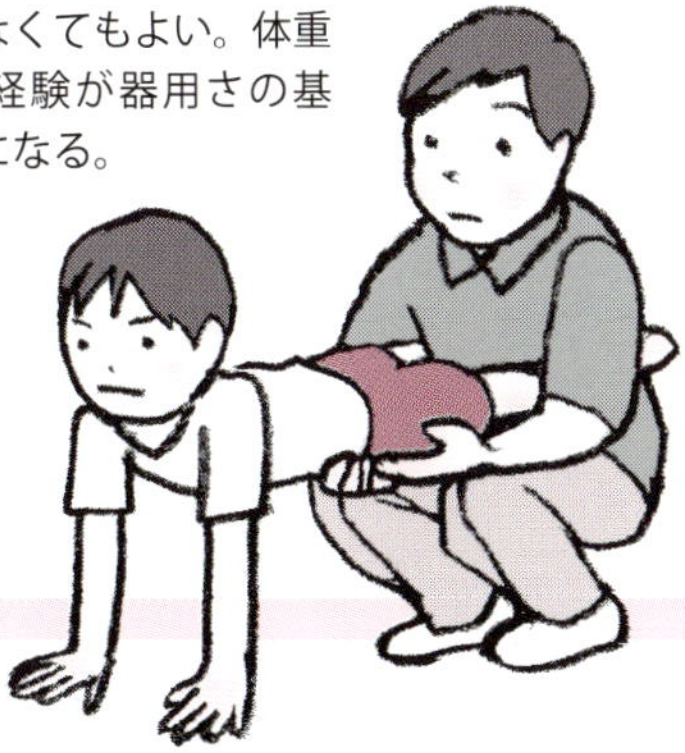

よじのぼり遊び

すべり台の両はじをつかみ、下からのぼっていく

1 すべり台のある公園やアスレチック施設へ。家庭用のすべり台は低いものが多く、子どもの年齢によっては、よじのぼり遊びに適さないことがある。

すべり台を下からのぼるのは、基本的にはルール違反。安全への配慮が必要

ほかの子の動きを確認してからのぼる

どんな子に向く？

- 食事や着替えが全般的に苦手
- 給食の配膳のときにこぼす
- 食べるときに音を立てる

ねらい

パワーグリップの発達

パワーグリップ＋移動。すべり台のはじをつかむことでパワーグリップが育ち、手で姿勢を支えながら、ロコモーション（移動運動）にも手を使うことで、手や腕の動きもより育ちやすくなる。

効果

手・腕・全身の器用さがアップ

姿勢がくずれにくくなり、スプーンやお玉を持っているときに、手先もぐらつかなくなる。食事や着替えの動作が全体的に丁寧になり、食器を雑に扱って音を立てるようなことが減る。

2

すべり台を下から上に向かって、よじのぼっていく。両手ですべり台のはじをしっかりとつかんでのぼる。

- 回数の目安：週に２～３回、５～10分
- 程度の目安：足だけでふんばってのぼるのではなく、手と腕で体をすべり台に引きよせるようにしてのぼっていく
- 難易度アップ：最初は途中までのぼれたらゴールに。じょじょにゴールを高くする

速くのぼることが目的ではない。すべり台のへりをつかむことが重要。子どもの手元をチェックする

調整ポイント

ただのぼるだけでは楽しめない場合は、友達との鬼ごっこ形式にするのもよい

アレンジ

アスレチックでよじのぼり

アスレチック施設などにある、よじのぼりに使う遊具では、さらに高いレベルの遊びができる。ロープをつかみ、たぐりよせる動きで、肩・腕の支持性とパワーグリップがよりいっそう育つ。

両手でロープをしっかりつかんでのぼる

トンネルくぐり

段ボールトンネルや公園の遊具をよつばいでくぐる

どんな子に向く？

- 上着やズボンの着替えが苦手
- 給食の配膳のときにこぼす
- おゆうぎが全般的に苦手

ねらい

プッシュアップの発達

プッシュアップ＋移動。プッシュアップで体重を支えながら、よじのぼり遊びと同じように、ロコモーション（移動運動）にも手を使うことで、手や腕の動きもより育ちやすくなる。

効果

手・腕・全身の器用さがアップ

よじのぼり遊びと同様に、姿勢が整い、肩・腕の支持性が発達して、手や腕の動きが安定する。食事や着替えが手際よくできるようになり、全身を動かすおゆうぎの苦手さも軽減する。

1 近くの公園などに、子どもがくぐって遊べそうなトンネルがあれば、それを使う。なければ段ボールなどで自作する。

トンネル型の遊具があれば、すぐにとりくめる。広い公園などにある

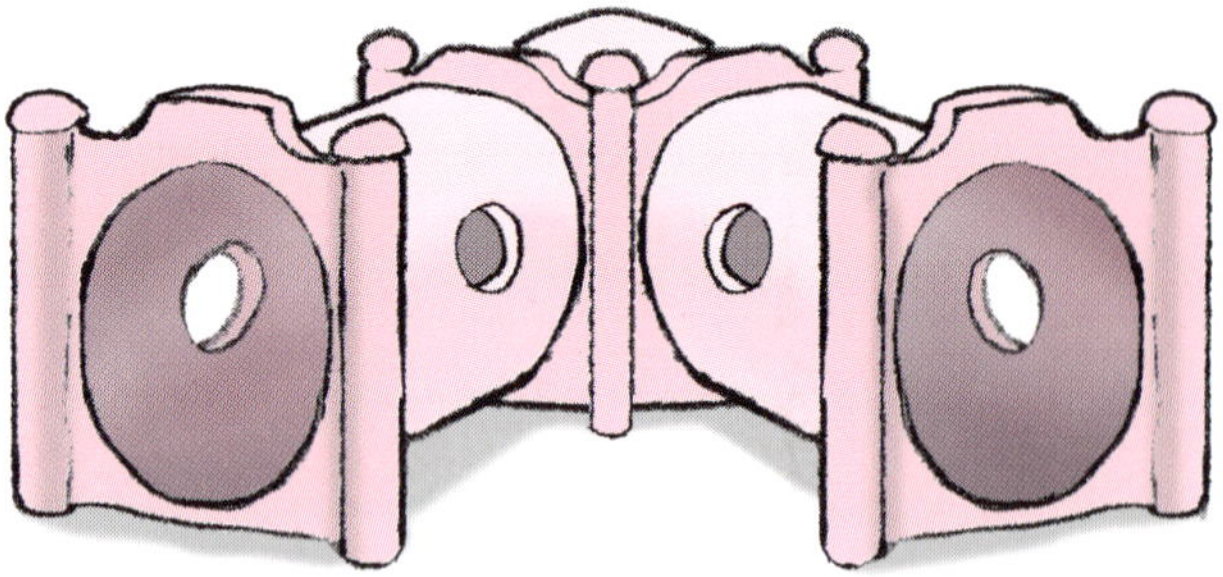

子どもがよつばいできるくらいの大きさの段ボール箱を、ガムテープなどでつないでトンネルに

大きさや素材に決まりはない。子どもが楽しめればよい

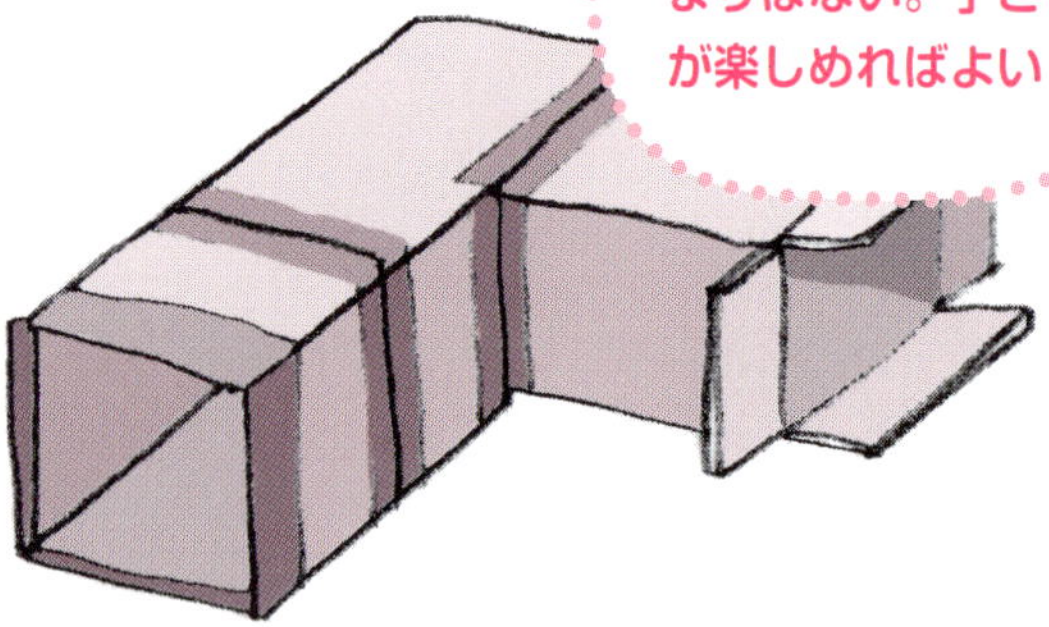

2

トンネルが準備できたら、よつばいで前進し、くぐり抜ける。

- 回数の目安：週 2 ～ 3 回、10 回程度
- 程度の目安：子どもが疲れない程度に
- 難易度アップ：前を見たまま、バックしてトンネルをくぐり抜ける

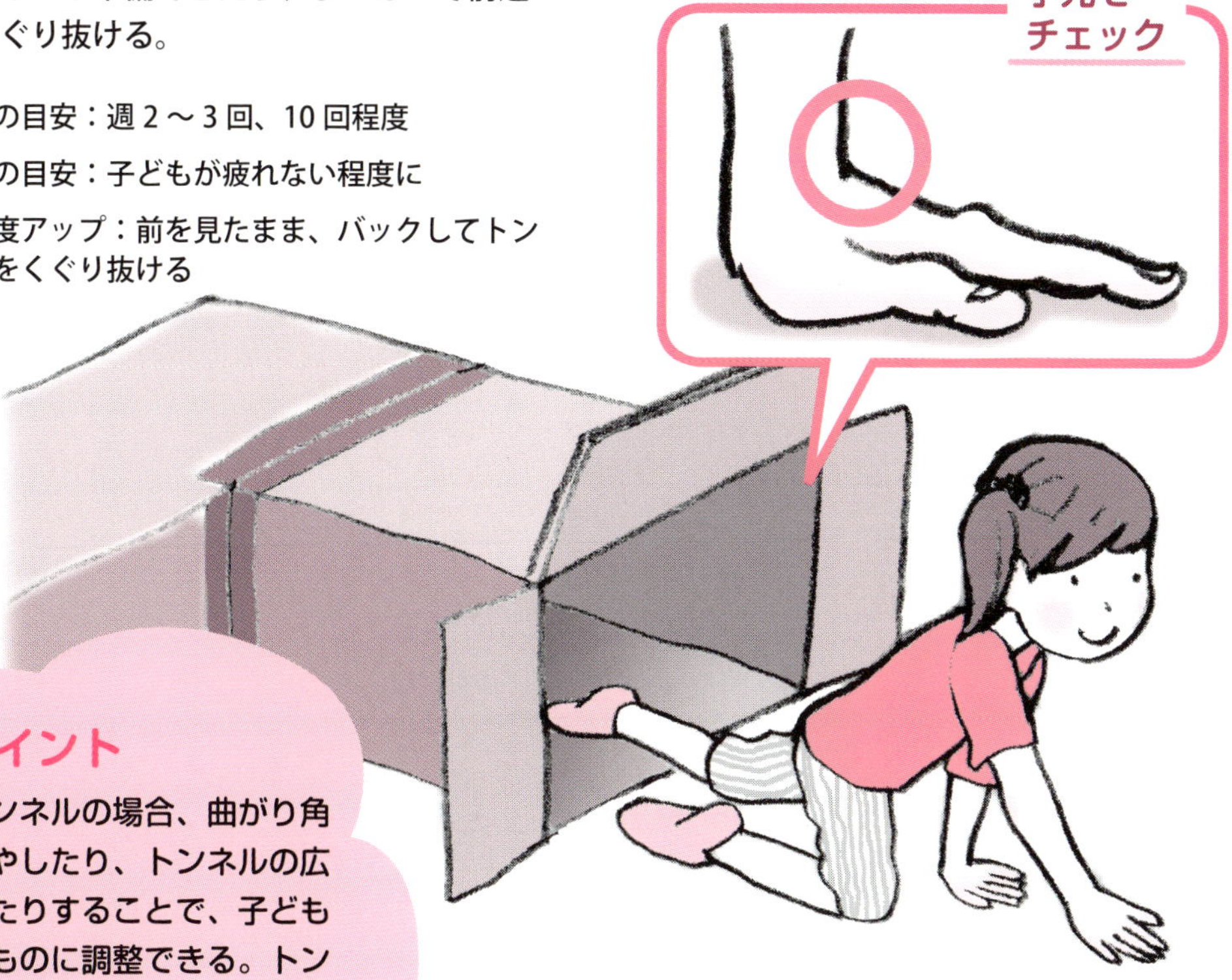

調整ポイント

自作のトンネルの場合、曲がり角の数を増やしたり、トンネルの広さを変えたりすることで、子どもにあったものに調整できる。トンネルの中にひもを張り、くぐり抜けにくくするのもよい

速さを競う遊びではない。タイムは気にせず、手元をチェックする

アレンジ

雑巾がけ遊び

トンネルがない場合には、床の雑巾がけで代用。雑巾に両手のひらをしっかりとついて、室内や廊下などの床を掃除する。これも速さは必要ない。むしろ、長時間この姿勢をとれるほうが発達にはつながる。

P76 の腕立てふせと同じように、4 つのポイントをチェックする

ジャングルジム

下から２～３段目を、ゆっくりくぐり抜ける

どんな子に向く？

- 給食の配膳のときにこぼす
- ボール投げがぎこちない
- おゆうぎが全般的に苦手

1 ジャングルジムのある公園やアスレチック施設へ。まずはジャングルジムにのぼってみて、高さや大きさ、棒の太さなどに慣れる。

親指を使わず、ほかの４本の指を棒に引っかける「フッキング」でも、のぼることはできる。しかしこれでは指の機能の発達にはつながりにくい

ねらい

パワーグリップの発達とボディイメージづくり

ジャングルジムの下から２～３段目をくぐるときには、棒をつかむ動作が自然にパワーグリップになる。また、棒と棒の間をくぐり抜ける動きが、全身のボディイメージづくりにつながる。

効果

手・腕・全身の器用さがアップ

よじのぼり遊びやトンネルくぐりと同様に、手先のぐらつきが減り、全身の動きも丁寧になる。おゆうぎやボール投げなどの動作が育ちやすくなる。

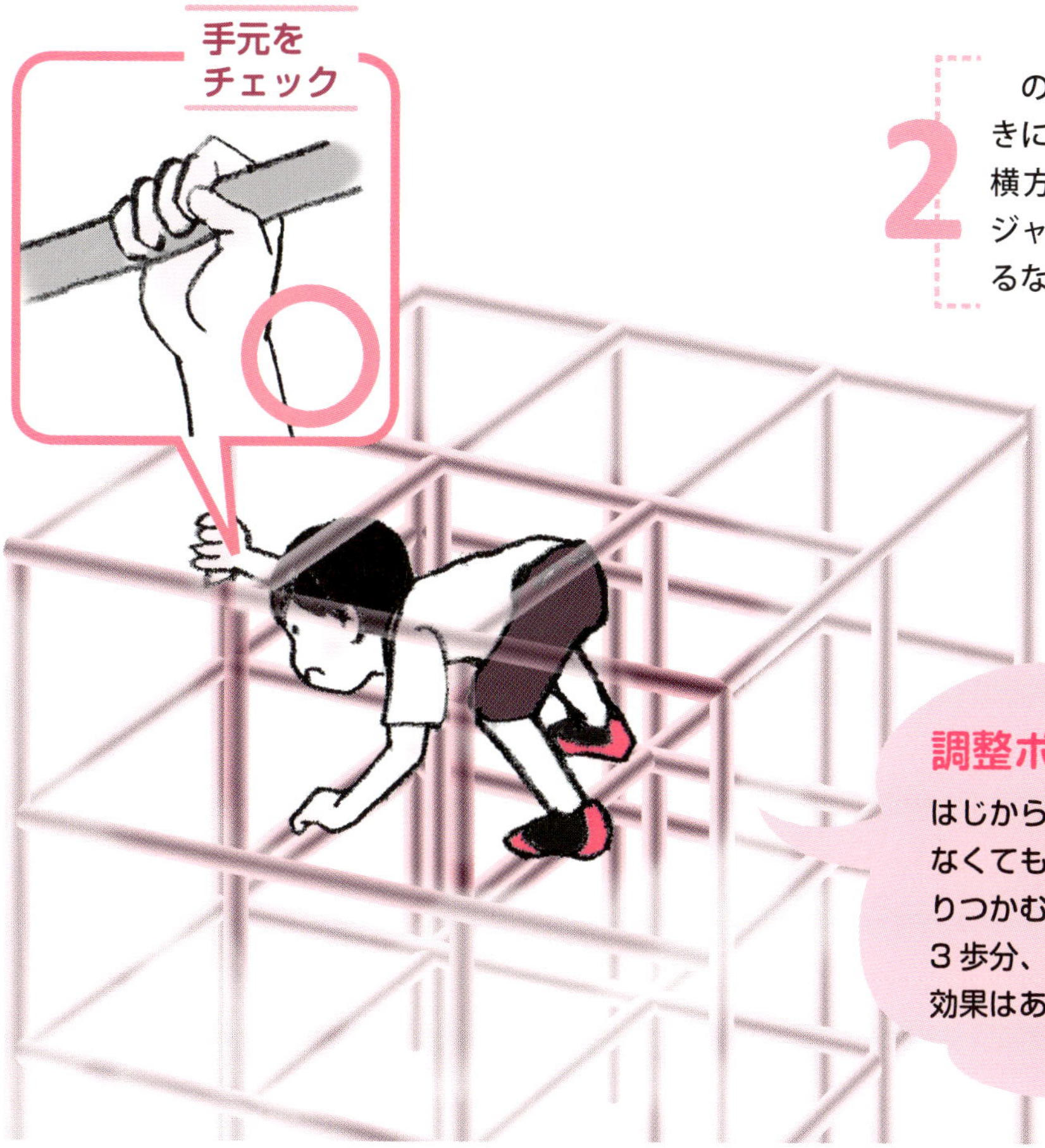

2

のぼったりおりたりする動きに続いて、ななめにのぼる、横方向に移動する、背中をジャングルジムに向けてのぼるなどの動作にチャレンジ。

あせると体を棒にぶつけるので、速度を上げる必要はない

調整ポイント

はじからはじまで移動できなくてもよい。棒をしっかりつかむことを優先。2～3歩分、移動するだけでも効果はある

3

最後に、いちばん上でも地面でもない、中間の段をくぐり抜ける。ジャングルジムの棒に両手、両足をしっかりとつけ、体重を支えながら、腰を上げた「高ばい」の姿勢で前に進んでいく。

- 回数の目安：週2～3回、10～20分
- 程度の目安：苦手な子には無理じいしない。落ちることが不安で集中できない子もいる
- 難易度アップ：うしろ向きにくぐり抜ける

アレンジ

木のぼり遊び

「ジャングルジム」は、ジャングル（密林）のように棒が林立しているために、そう名付けられたといわれている。その説のとおり、木のぼりでも同様の遊びが経験できる。ただし、落ちてケガをしないように配慮する必要がある。

全身遊び

全身のタッチングとしがみつき遊びで基礎づくり

どんな子に向く？

- 背中やお尻を上手に洗えない
- 服の背中側が乱れている
- 鬼ごっこなど対人遊びが苦手

1 全身の感覚を整える遊びを、日々の生活のなかにとり入れる。P54の手のタッチングと同じように、大人が素手やブラシなどの道具で、子どもの全身をタッチング。

背中にスポンジやタワシを当てて、触覚の識別系を働かせる。識別系は手だけでなく、全身で働いている

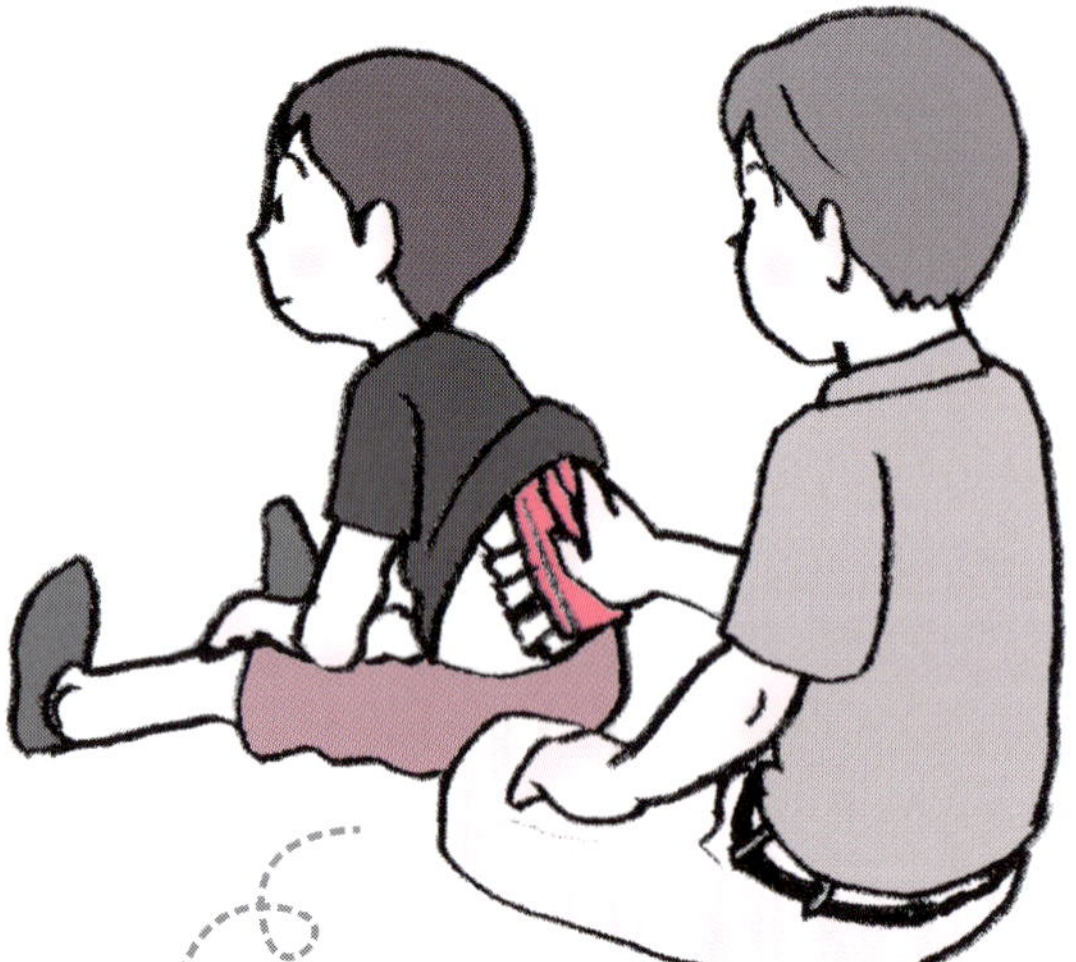

感覚遊び

- 全身のタッチング
- ストレッチ遊び
- ジャンプ遊び
- グルグル遊び

子どもの状態に応じて感覚を刺激し、感覚機能を整える遊び

ねらい

全身の機能を育てる

手の器用さを育てるためには、土台として、体幹や肩・腕の支持性と、全身のボディイメージが必要。それらが発達したうえに、手や指の機能が育ってくる。全身遊びはその土台の部分を育てる。

効果

動きのぎこちなさが減る

全身遊びを楽しむうちに、動きのぎこちなさが全体的に減ってくる。着替えや追いかけっこ、キャッチボール、ものを運ぶときなどの動作が、じょじょに整ってくる。手の機能の発達につながっていく。

2

全身の運動発達をうながす遊びもとり入れる。手や足などに力を入れる経験、思いどおりのポーズをつくる経験などが役立つ。

3

感覚面と運動面、両方にアプローチして、子どもの全身の機能を整える。

- 回数の目安：どれかひとつをできれば毎日、数分でもよいのでおこなう
- 程度の目安：遊びによって異なるが、子どもの負担にならないことが前提
- 難易度アップ：どの遊びも、子どもがパターン学習して暗記しては効果が薄いので、さまざまな姿勢や動きをとり入れる

※それぞれの遊びについて、くわしく知りたい方は『発達障害の子の感覚遊び・運動遊び』『発達障害の子の読み書き遊び・コミュニケーション遊び』をご覧ください。

子どもが大人に抱きつき、手足をからみつけて、しがみつき続ける遊び

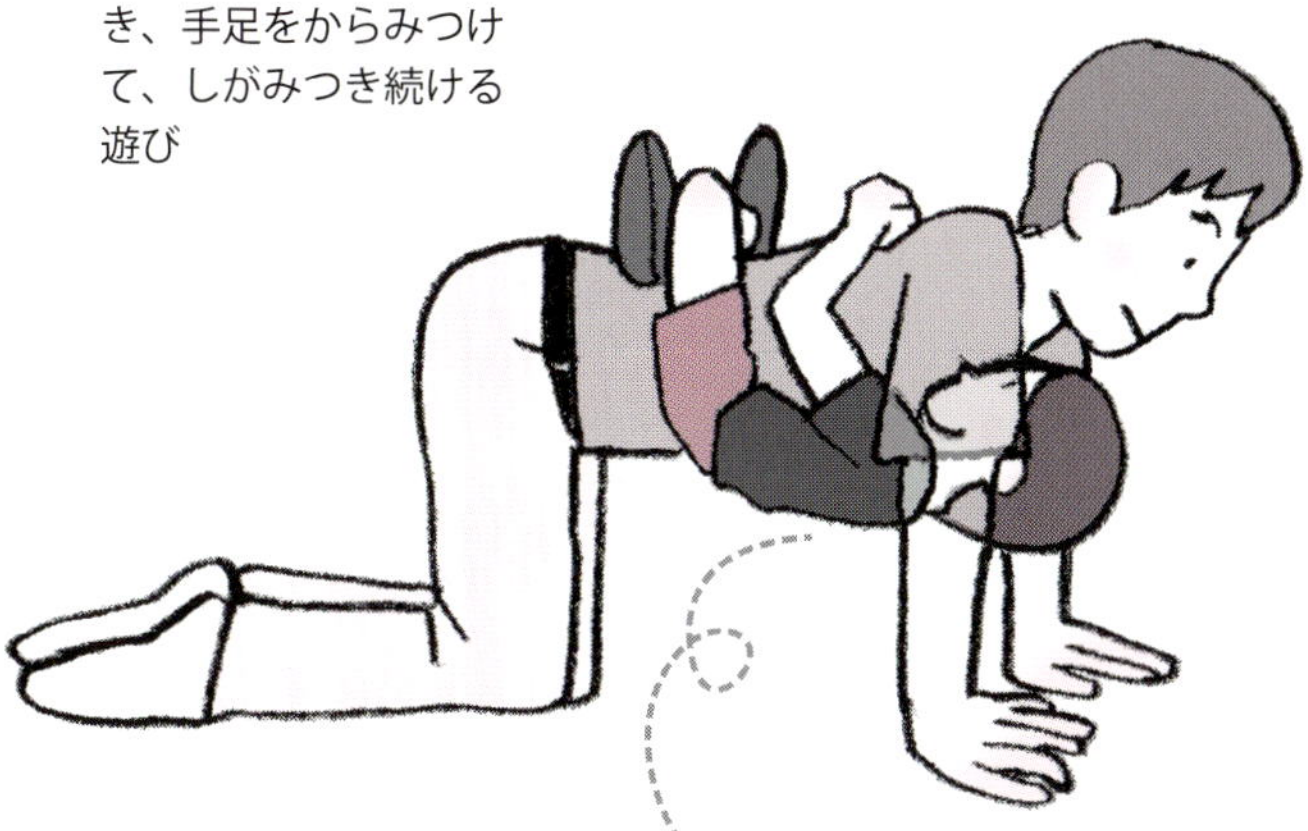

運動遊び

- しがみつき遊び
- アスレチック遊び
- ツイスターゲーム
- まねっこゲーム

子どもが自分で体を動かし、感覚を働かせる経験をつむ遊び

POINT

全身運動と手先の運動の関係

運動機能は、基本的には体の中心から末端に向かって育っていく。最初に体の中心軸として、姿勢の調節機能が整い、次に肩・腕の支持性が育つ。それらを土台に、手先が発達する。また、手先の機能が発達することで、全身の機能がより整うという効果もある。

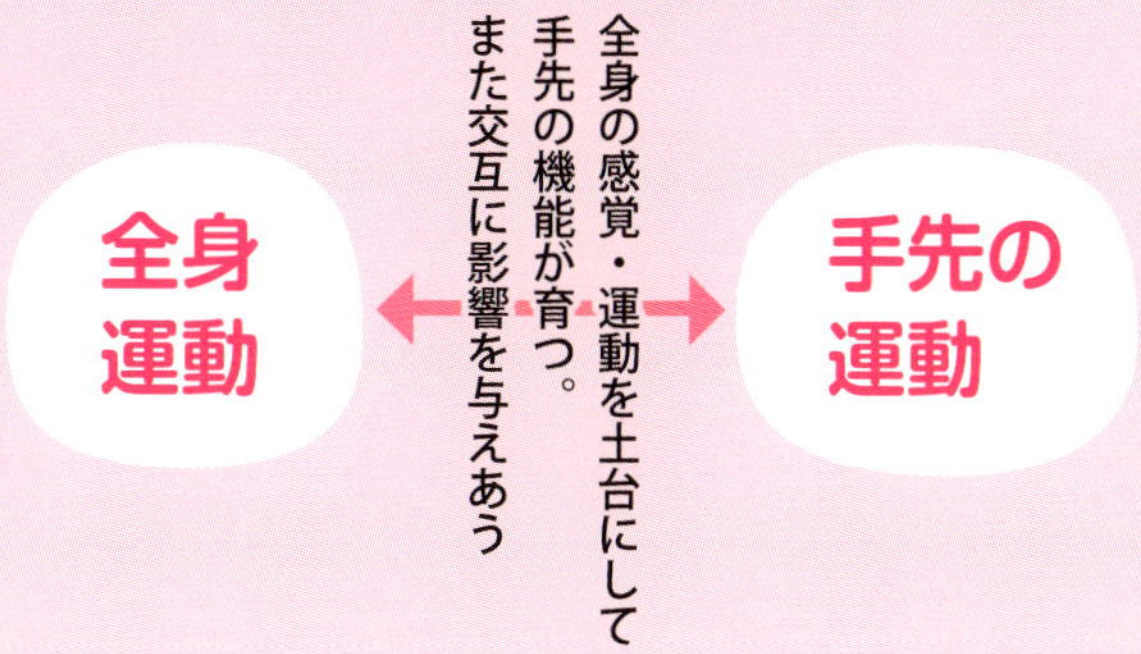
全身運動
全身の感覚・運動を土台にして手先の機能が育つ。
また交互に影響を与えあう
手先の運動

Column

実感してみよう！

親指側と小指側の違い

手のひらが垂直になる向きでにぎる。手のひらが上を向いていると、コインを操作しやすいので、指の機能が実感しにくい

1

コインを4～5枚、手でにぎる。そのうちの1枚を親指・人差し指・中指でくり出す。続いて、次の1枚をくり出す。

2

同じように、手でにぎった4～5枚のうち1枚を、中指・薬指・小指でくり出そうとしてみる。親指を使わないと難しいことがわかる。

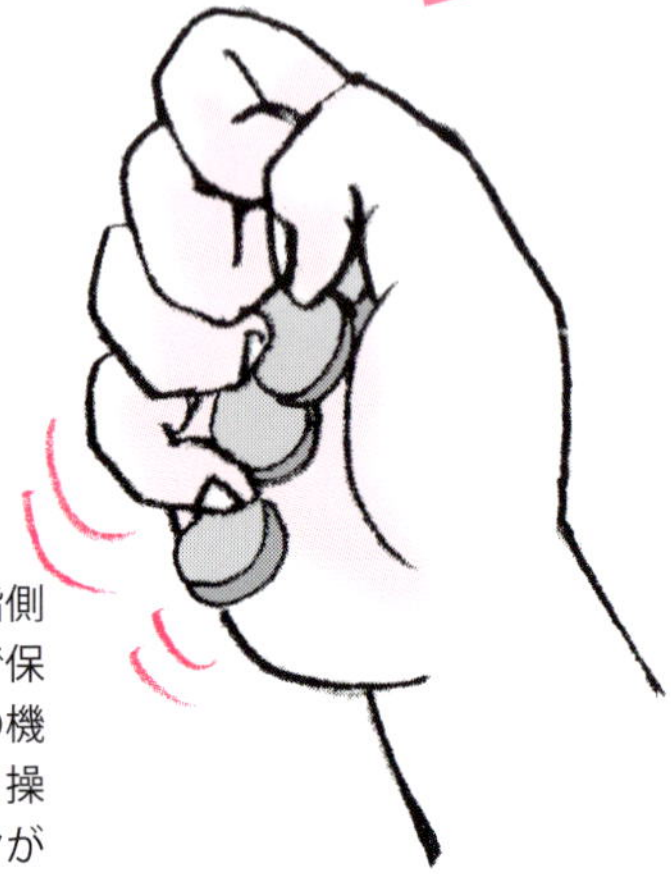

役割を逆転。小指側で操作、親指側で保持を試す。本来の機能ではないので、操作しきれずコインが落ちてしまう

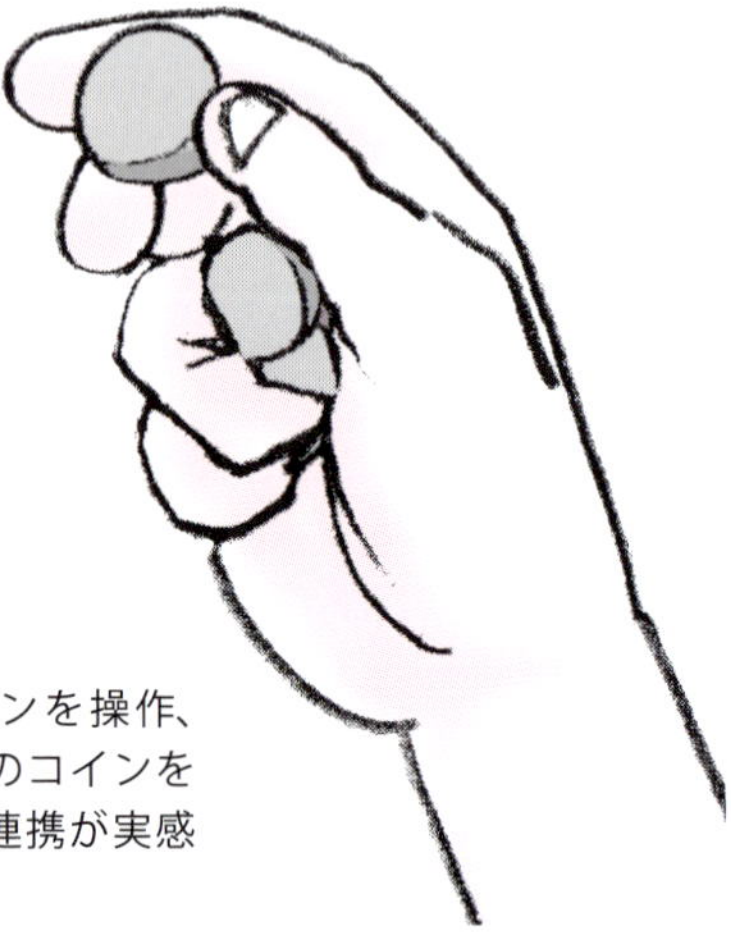

親指側でコインを操作、小指側で残りのコインを保持。機能の連携が実感できる

※親指側と小指側の違いについて、くわしくはP44へ

4
遊んでいるうちに「手の使い方」がわかる

遊びのよいところは、
楽しくとりくんでいるうちに
手の機能が整っていくこと。
熱中すればするほど、
手の使い方が自然に身についていきます。

指・手・腕を思いどおりに動かせるように

この本の遊びが子どもの状態や、その子の興味・関心にヒットした場合には、手の働きが整っていきます。指や手、腕の使い方が身につきます。

脳の回路が混乱している

不器用な子は、脳の中で感覚・運動情報が交通整理されず、混乱しています。手でものにふれても、どんな状態か実感できません。その結果、指や手、腕を正確に動かすことが困難になります。

コンパスを上手に使えない。その背景のひとつが、脳の回路の混乱

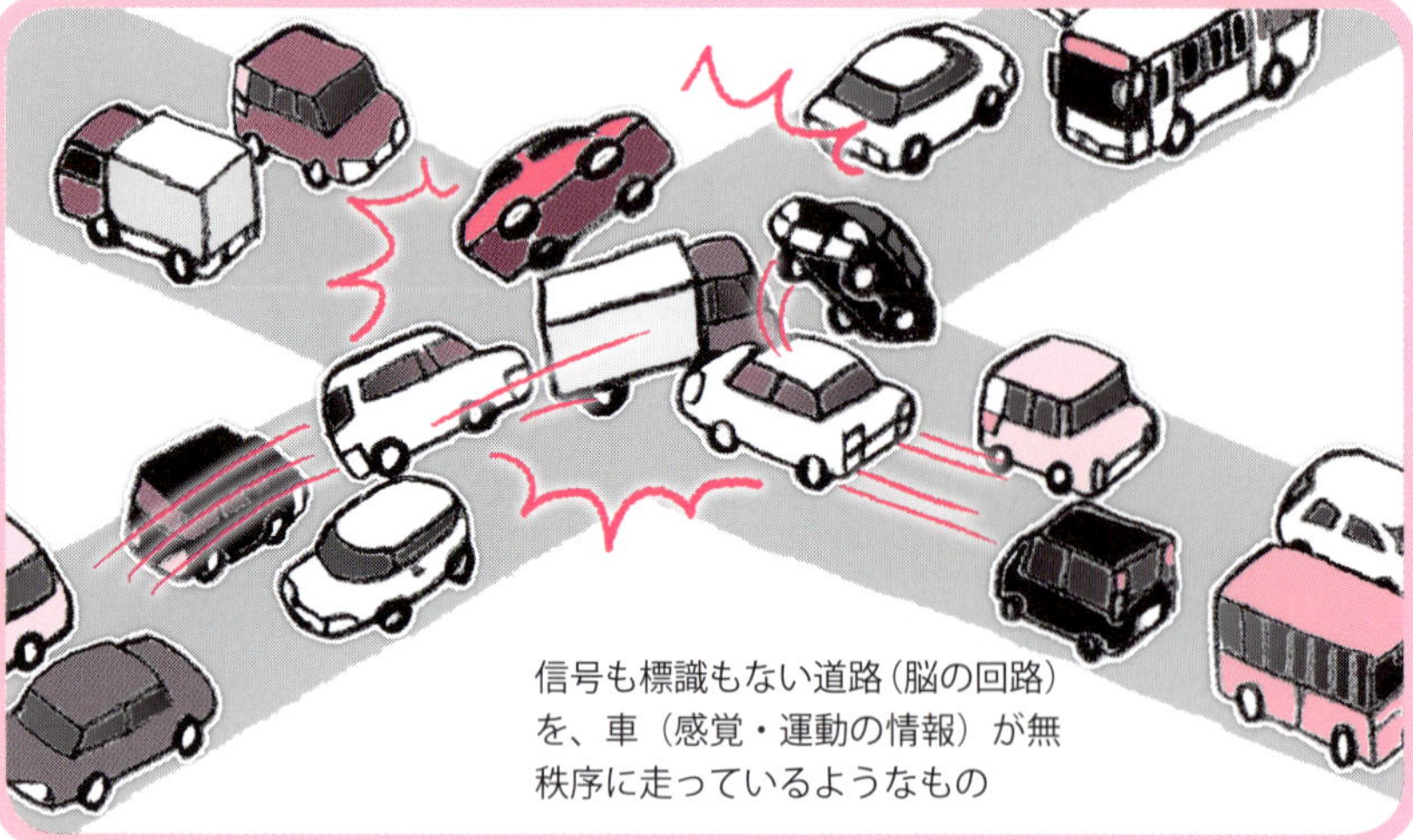

信号も標識もない道路（脳の回路）を、車（感覚・運動の情報）が無秩序に走っているようなもの

自分の思いと体の動きが一致する

この本の遊びは、脳に入ってくる感覚情報を交通整理して、手や全身の機能の発達をうながすものとして、組み立てられています。

遊びが子どもの状態にあえば、その子は感覚を働かせて手の動かし方を身につけ、手を器用に使えるようになっていきます。子どもにとって「思ったとおりに手が動かせる」ことを意味します。

それまで「自分は不器用だ」と思っていた子が、少しずつ、自信をもって手作業にとりくめるようになります。自己有能感の回復につながるということは、器用になること以上に大切な効果です。

上手に円を書けるようになった。その理由のひとつは、手先の感覚の働きが整ったこと

脳の回路が整理される

遊びやそのほかさまざまな活動を通じて、脳内の感覚・運動情報の流れが整理されます。それによって、指や手、腕を適切にコントロールできるようになっていきます。

道路（脳の回路）に信号や標識ができ、車（感覚・運動の情報）が適切に流れるようになる

遊びの効果

遊びをつくり出す作業療法とは

作業療法士は、医学的リハビリテーションにたずさわる職種で、国家資格のひとつです。患者さん一人ひとりにあう「作業」をつくって提供し、作業を通じてその人の身体機能や精神機能の維持・回復をはかるのが、主な仕事です。

作業療法士は、患者さんが心を奪われ、熱中してとりくめる作業を活用します。患者さんが、気がついたら状態が改善していたという形になるのが理想です。

本書の遊びは、この作業療法の考え方で組み立てられたもの。遊んでいるうちに、気がついたら手先が器用になっていたという効果をめざしています。

リハビリを受ける人が思わず熱中してしまう活動（子どもの場合は「遊び」）を組み立て、活用する

子どもの障害の種別を問わずに対応できるのが本来の姿。どのような状態にも「遊び」を活用していく

知的好奇心の発達に、手の器用さが追いつく

不器用な子は、やりたいことがあっても、手を思いどおりに使えず、くやしい思いをしています。手の機能を整えることで、その自己否定的な気持ちをときほぐしていきます。

発達のギャップがある

「手先が不器用」というのは、手の使い方が、年齢に不相応なほど未熟だということです。知的な能力や好奇心が年齢相応に発達している場合、能力のギャップが生まれます。

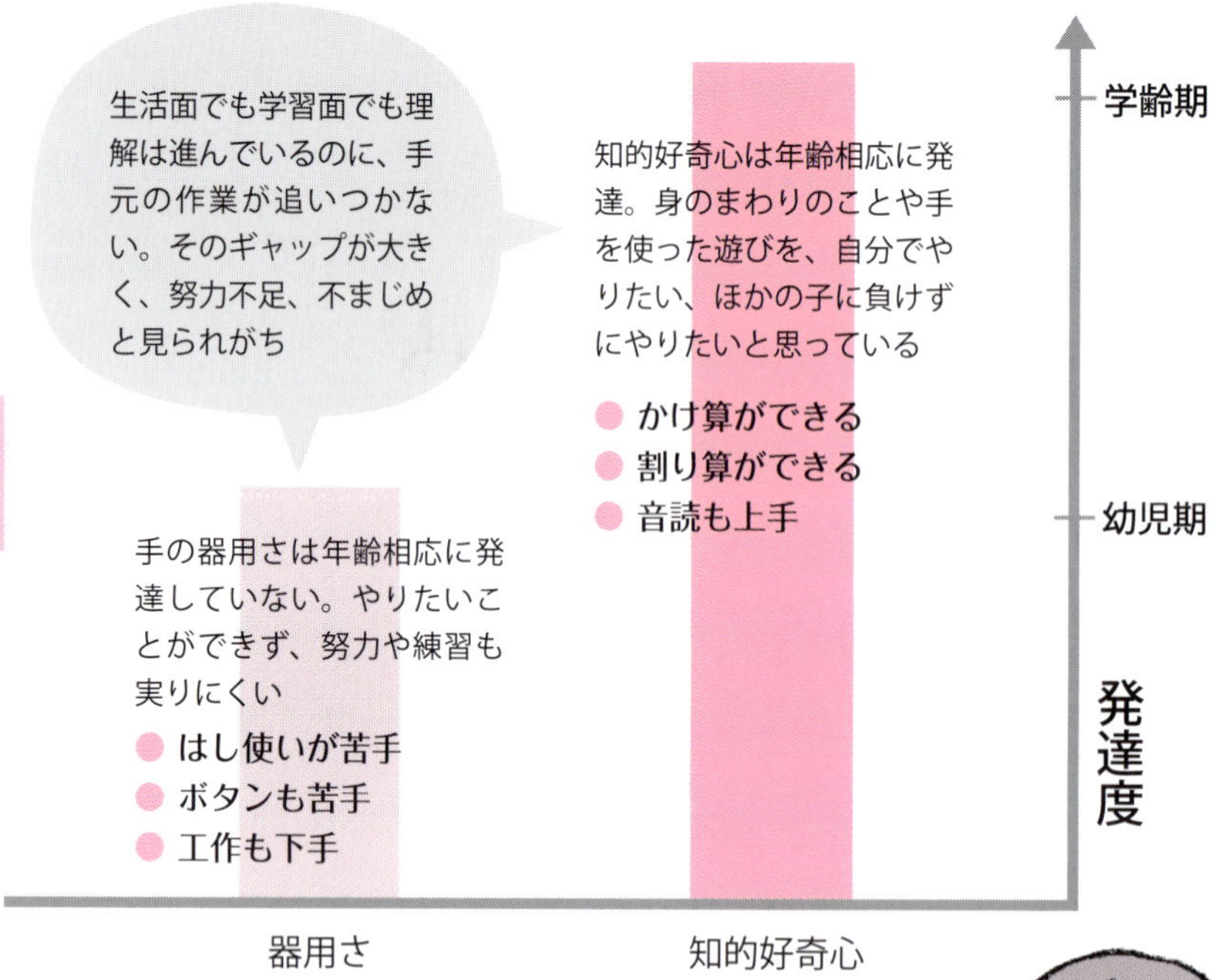
生活面でも学習面でも理解は進んでいるのに、手元の作業が追いつかない。そのギャップが大きく、努力不足、不まじめと見られがち
知的好奇心は年齢相応に発達。身のまわりのことや手を使った遊びを、自分でやりたい、ほかの子に負けずにやりたいと思っている
かけ算ができる
割り算ができる
音読も上手
学齢期
幼児期
発達度
手の器用さは年齢相応に発達していない。やりたいことができず、努力や練習も実りにくい
はし使いが苦手
ボタンも苦手
工作も下手
器用さ
知的好奇心

道具の使い方などを理解はできるので、人に指示はする。しかし自分でやろうとはしない

手抜きだと誤解されやすい

口が達者ないっぽうで、手作業が進まなかったり、手作業を嫌がったりするため、手抜きや努力不足、しつけが足りないと誤解されてしまう。特訓を課されることもあるが、背景に感覚統合のつまずきや運動発達の問題がある場合、特訓するだけでは効果は期待できない。

ギャップがちぢまる

手の機能を基礎から整えていけば、知的好奇心と手の器用さのギャップは確実にちぢまっていきます。

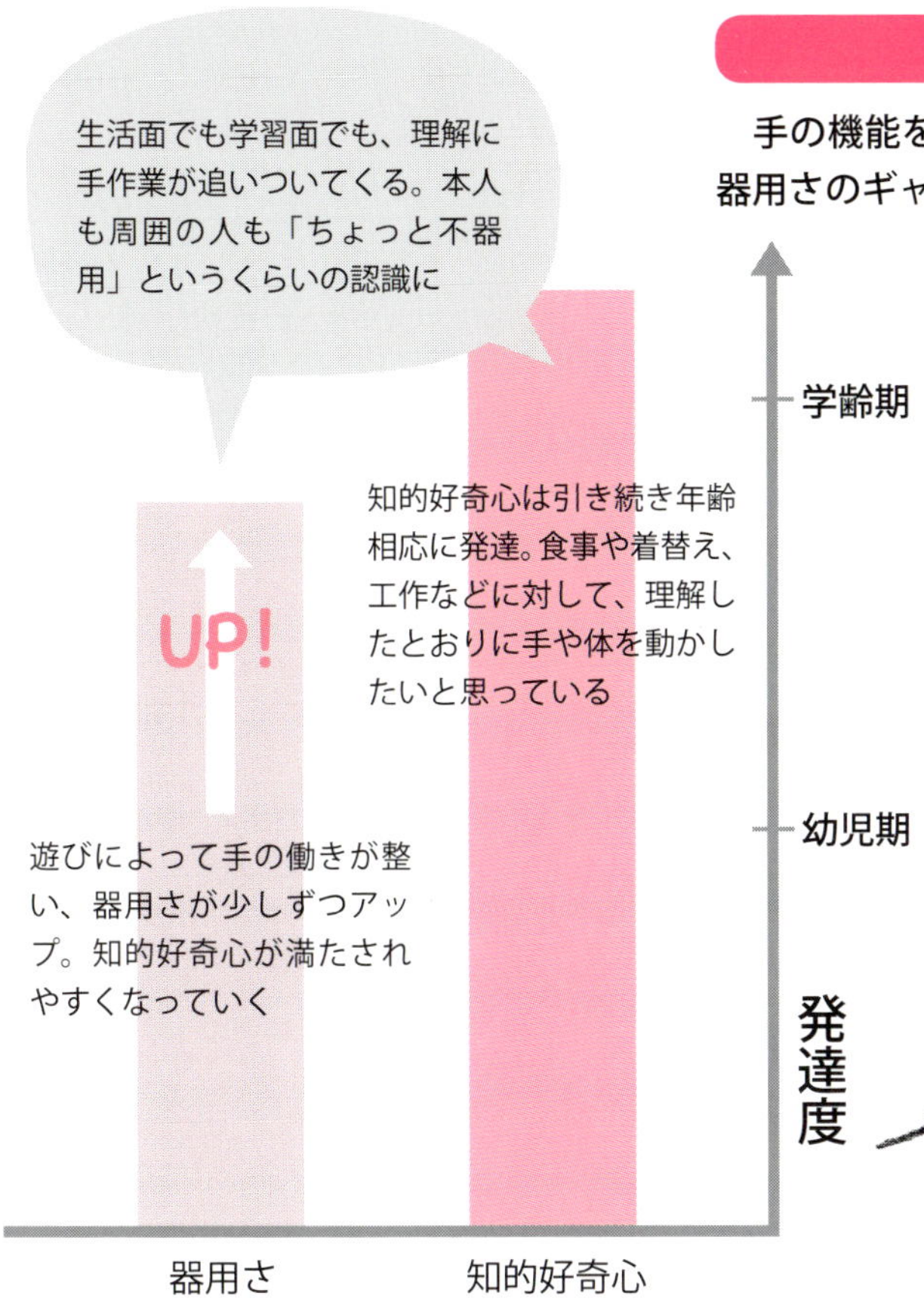
生活面でも学習面でも、理解に手作業が追いついてくる。本人も周囲の人も「ちょっと不器用」というくらいの認識に
知的好奇心は引き続き年齢相応に発達。食事や着替え、工作などに対して、理解したとおりに手や体を動かしたいと思っている
UP!
遊びによって手の働きが整い、器用さが少しずつアップ。知的好奇心が満たされやすくなっていく
学齢期
幼児期
発達度
器用さ
知的好奇心

以前は、市販の工作キットに興味を感じても、失敗すると思ってさけていたが、自分からチャレンジしたがるように
遊びの効果

気持ちが満たされやすくなる

手先が不器用な子は、ただ手作業に時間がかかるだけでなく、さまざまな場面で、くやしい思いを感じています。「やり方はわかるのにできない」「自分だけ下手だ」「もうやりたくない」という思いが、日々、自己否定的な感情としてつみ重なっていきます。

周囲の大人も、練習しても上達しない子どもを見て、努力不足だと誤解したり、教えることをあきらめたりしがちです。

手の機能を整えることには、こうした否定的な感情や評価を改善していく効果も期待できます。

手の使い方が基礎から身についていくにしたがって、子どもはできることが増えてくるので、前向きになっていきます。

周囲の人も、子どもの器用さや様子の変化を感じとって、その子への見方をかえていきます。

苦手さが消えていくと、本来のキャラクターが顔を出す

手の使い方が身につき、知的好奇心が満たされるようになると、それまで隠れていた、その子本来の姿が見えてくることがあります。

発達につまずきがある子は内面世界が見えにくい

親も指導者も、子どものいまの姿だけを見て、表面的に理解しがちです。

しかし、いま見えている現象だけでは、その子の本来の姿が把握できない場合もあります。

発達のつまずきがあって、できないこと、苦手なことが多くなっている状態では、子どもは本来のキャラクターを発揮できません。

そういう状態の子は、遊びの活用によって活動の幅が広がった結果、言動を大きく変えることがあります。「この子はこういう子」という表面的な理解にとどまらずに、可能性に目を向けましょう。

見えていること、見えていないこと

器用さなど、一部の能力に発達のつまずきがある子は、自分の思いどおりにはできないことが多く、それゆえに、本来のキャラクターを発揮できていない場合があります。

現象（見えていること）

不器用に見える。また、失敗体験を積み重ねた子は、工作などのとき、手作業をしたくないがために、ふざけたり、嫌がったりすることもある。それが子どものキャラクターだと誤解されてしまう。

バリアになっていること

- **手のさまざまな機能の未学習・誤学習**
  支持性の未発達／親指側・小指側の機能の使い分けの未発達／手のボディイメージの未発達／目と手の協応の未発達　など
- **各種障害によって起こっている、もともとの症状**

厚いバリアがあり、内面世界は隠れている

内面世界（見えていないこと）

- **その子の本来のキャラクター**
  （本来は明朗快活、目立つことが好きなど）
- **興味・関心**
- **喜怒哀楽などの情緒**
- **その子の好みや判断基準**

悩みが解消されていくと、バリアが薄くなる。自尊心が回復して、感情表現が豊かになり、その子の内面世界が見えやすくなる。ただし、それが親にとっての育てやすさにつながるとはかぎらない。

おとなしくて運動が嫌いな子だと思われていたが、手先が器用になったら、見事におてんばになった

現象（見えていること）

それまで見えていた、不器用さや「おふざけ」などの現象がじょじょに減っていく。明朗快活、目立つことが好きなどの特徴が見えてきて、みんなの前でも、手作業をがんばって披露したりする。

バリアになっていたこと

- 手のさまざまな機能の未学習が減少していく。誤学習は修正されていく
- 各種障害のもともとの症状が軽減していく

バリアが減って内面が発揮されやすくなる

内面世界（見えていないこと）

- その子の本来のキャラクター
- 喜怒哀楽などの情緒
- 興味・関心
- その子の好みや判断基準

発達ニードと子育てニード

子どもがやんちゃ・おてんばになると、親は、自分の求める「子育てニード」と違うと感じるかもしれません。しかし、本来のキャラクターが出てきたのは、その子の「発達ニード」が実現されてきたから。育てにくさも、受け止めたいものです。

指導者は、親の「子育てニード」と子どもの「発達ニード」の双方を把握したうえで、対応を考えていってください。

発達ニードと子育てニードは、花でたとえれば水と日光。どちらも重要で、状況によって重要度が変化する

興味・関心をいかしながら、自己有能感を育てる

不器用な子どもは、失敗したり、叱られたりする経験が多くなり、自己否定的になりがちです。できばえ以上に努力をほめましょう。

「不器用」だという子どもの状態と、その背景をどう理解するか？

誤解パターン

失敗してもがんばらせる

悩みの背景を考慮せずに、ただ「がんばらせる」「くり返させる」「慣れさせる」「我慢させる」という特訓をさせる

なかなか身につかない

無配慮な特訓では、感性が摩耗《まもう》し、自発性が損《そこ》なわれる。期待された行動は身につかない

自己有能感が枯れる

自分を肯定的に受け止め、励ますという心の働き「自己有能感」が育たず、自己否定的な感情が強くなってしまう

特訓だけではうまくいかない

不器用な子に手作業の特訓を課しても、無理をしいるだけで効果は出ないでしょう。そもそも、特訓だけで成長できる子は、放っておいても成長します。

はしの持ち方を厳しく注意され、練習させられる。いくらやっても身につかず、自信を失っていく

本人がやりたいと思うことを

親や指導者がやってほしいことではなく、子ども本人の興味・関心にヒットするように、遊びを工夫することが大切です。

子どもにとっても、親にとっても情緒的に満たされる遊びにとりくんでいきたい

理解パターン

受け止め、励まし、ほめる
悩みの背景を理解し、子どもの存在そのものを受け止める。できばえ以上に子どもの努力を励まし、ほめる

自分で選んで自分で決める
子ども本人が、興味・関心をもち、熱中できる「遊び」を選び、親子でとりくんでいく。自発性が損なわれない

達成感、共感、自己有能感
成功体験をつむことで、子どもが達成感を得る。親がその気持ちに共感する。このプロセスのなかで自己有能感が育っていく。

自己有能感が育つためには、幼少期からの励まし、無条件の受け止め、興味・関心に基づく自己選択・自己決定、達成感、共感が欠かせない。遊びのなかでこの要素を補っていきたい。

「できた」という思いを増やしていく

手先が不器用な子は、常識的な教え方や自主学習では、なかなか器用にならないからこそ、苦しんでいます。そういう子に、苦手な手作業の反復練習を課しても、つらくさせるだけです。

手作業から離れ、手の機能の基礎づくりになる遊びを体験させましょう。本人が興味・関心をもってできることをしていきます。好きなことなら自尊心が損なわれにくく、また、本人が自分自身をはげましながらとりくめます。

自発的にとりくみ、成功体験をつみ重ねることで、本人の自己有能感が回復していきます。

指導者が子どもに配慮してくれない場合の対処法

子どもの状態や、活用できそうな遊びがわかってきたら、学校や療育施設にも伝えましょう。満足な対応が得られないときには、ポジティブに意見を伝えます。

指導者が本来、求められるレベルとは

発達障害の子に関わる指導者（教育関係者や医療関係者などの専門職）は、自分の属する分野の用語や指導法について、全体像を理解していなければいけません。これは最低限、求められること（※）です。

指導レベルの目安

レベル	できること	
0	該当分野の用語や指導法を聞いたのははじめて。名称も知らなかった。もちろん説明もできない。親はこのレベルでかまわない。	素人
1	用語や指導法について、名称だけしか知らない。聞いたことはあるが、説明はできない。発達を意図したとりくみは、はじまらない。	
2	用語や指導法について、断片的に、おぼろげにしか知らない。説明を求められると困る。とりくみははじまるが、誤解・曲解していることがある。	
3	用語や指導法について、全体像はわかっている。しかし解説するのは難しい。指導者は最低でもこのレベル以上が必要。	指導者
4	用語や指導法について、かんたんになら、人に説明できる。それだけの理解力がある。ずれた対応や誤解した扱いは基本的には起こらない。	
5	用語や指導法について、レポートや論文を書いたり、後輩を育成することができる。	スーパーバイザー
6	用語や指導法について、講義や実技講座、研修会の講師ができる。スーパーバイザーとして活動できる。	

※指導者は、いま自分のレベルが低いとしても、それをくやむよりも、この目安から今後の対策を見出すようにしてください。親はこの目安を、指導者とやりとりをするときの参考にしてください。

素直に感謝の気持ちをつづることで、相手に対する理解が伝わる

配慮不足ならポジティブ・クレーマーに

指導者でありながら、発達障害の子の指導をほとんど理解できていない人も、残念ながらいます。わが子がそのような指導者に担当されることになったときの対応を考えてみましょう。

ただのクレーマーにはならない

指導者を批判して要求するばかりでは、相手に気持ちは伝わらない。いわゆる「モンスター・ペアレント」だと見なされる危険性もある。相手にクレーマー用のマニュアルで対応をされ、聞き流されてしまうこともある

- してほしいこと、してほしくないことを一方的に伝える
- なぜ発達障害や療育のことがわからないのか、問いつめる
- 無理解、不勉強を叱り、担当者を替えるように要求する

ポジティブ・クレーマーになる

ずれた対応をしている指導者でも、必ず少しは望ましい指導もしているはず。その点に、まず感謝を伝える。お礼状を出すなどの具体的な行動で伝えるのがポイント。信頼関係をつくっていくことが、対応改善の第一歩になる

- よい対応について、担当者に書面でお礼状を出す
- 担当者だけでなく、校長や教育委員会、施設長などにも書面を出す
- 関係ができてくれば、気になる点について、提案を伝えやすい

指導者は誤解者にならないように

タクシーの運転手が車の運転方法も雑で、その地域の道路情報も知らなかったら、仕事はできません。批判を受けます。

発達障害に関わる仕事をしている指導者も、プロとして給料をもらっているわけですから、本来、発達障害を正しく理解していなければいけないのです。

親はプロにわが子をたくす

もしも、発達障害に対して無理解な指導者に出会ってしまったら、必要なことは要望していきたいものです。

親は療育の素人なのですから、なにもかも自分たちだけでとりくまなくてもよいのです。

プロに頼るべきところは頼ってください。要望の出し方さえ注意すれば、気持ちは伝わります。

Column

実感してみよう！

手のボディイメージ

1

親子で向かい合って座る。親が片手をあげて、指先でポーズをつくる。子どもは親のほうを見たまま、手元を見ないで、指先で同じポーズをつくる。さまざまなポーズを次々につくっていく。

中指と親指をつけてキツネのようなポーズ。手のボディイメージが未発達な子は、まねがなかなか上手にできない

そっとふれるだけでも触覚系の識別系が働けば、答えがわかる。ボディイメージも発達していくということに

2

次に、子どもが目を閉じ、両手をテーブルに置く。親は「いまからさわるね」と声をかけ、子どもの指や手を、2ヵ所同時に軽くふれる。子どもは目を開けて、どこにふれられたか、部位を正確に答える。

※ボディイメージについて、くわしくはP46へ

■監修者プロフィール
木村　順（きむら・じゅん）
1957年、大阪府生まれ。作業療法士。日本福祉大学社会福祉学部卒業、都立保健科学大学大学院修了。金沢大学医療技術短期大学部、金沢大学付属養護学校、うめだ・あけぼの学園などをへて、2004年に私塾「療育塾ドリームタイム」を設立。発達障害などに悩む親子の相談を受けている。三児の父親。
専門は発達療育。著書に『育てにくい子にはわけがある』（大月書店）などがある。
連絡先（Eメール）kimura@dreamtime.jp

●編集協力
オフィス201（石川智）

●カバーデザイン
小林はるひ（スプリング・スプリング）

●カバーイラスト・本文イラスト
梶原香央里

●本文デザイン
南雲デザイン

健康ライブラリー
遊《あそ》んでいるうちに手先《てさき》が器用《きよう》になる！
発達障害《はったつしょうがい》の子《こ》の
指遊《ゆびあそ》び・手遊《てあそ》び・腕遊《うであそ》び
感覚統合《かんかくとうごう》をいかし、適応力《てきおうりょく》を育《そだ》てよう 3

2013年9月27日　第1刷発行
2025年2月14日　第9刷発行

監修	木村　順（きむら・じゅん）
発行者	篠木和久
発行所	株式会社 講談社 東京都文京区音羽2丁目-12-21 郵便番号　112-8001 電話番号　編集　03-5395-3560 販売　03-5395-5817 業務　03-5395-3615
印刷所	TOPPAN株式会社
製本所	株式会社若林製本工場

N.D.C.493　98p　21cm

ISBN978-4-06-259682-4

■取材協力

木村ゆめの

「療育塾ドリームタイム」参加者のみなさま

療育スタジオさくら
（本書の監修者・木村順が毎月4回程度、個別療育を実施。埼玉県川口市。電話048-291-5312にて受付）

清永信一郎（学生／東京YMCA医療福祉専門学校）

小林貴宏（学生／東京福祉専門学校）

■参考文献

木村順著『育てにくい子にはわけがある』（大月書店）

木村順作成「コメントペーパー」（療育塾ドリームタイム）

木村順監修『発達障害の子の感覚遊び・運動遊び』（講談社）

木村順監修『発達障害の子の読み書き遊び・コミュニケーション遊び』（講談社）

KODANSHA

講談社 健康ライブラリー

DCD 発達性協調運動障害
不器用すぎる子どもを支えるヒント

なわとびがとべない、逆上がりができない……
幼児期の「極端なぎこちなさ」に気づいてほしい。

古荘純一 著
青山学院大学教授・小児精神科医

ISBN978-4-06-531685-6

発達障害グレーゾーンの子の育て方がわかる本

声かけ・ほめ方・環境づくり・就学準備……
困りごとに向き合う育て方のヒントが満載！

広瀬宏之 監修
横須賀市療育相談センター所長

ISBN978-4-06-533442-3

発達障害の子どもの実行機能を伸ばす本
自立に向けて今できること

子どもの自立を考えるなら、まず実行機能を
理解し伸ばそう。サポートのコツは「相性」。

高山恵子 監修
NPO法人えじそんくらぶ代表

ISBN978-4-06-523128-9

学習障害（LD）がわかる本
気づいて、支えるために

うまく読めない、書けない、計算できない……
学校と家庭でのサポート、接し方を徹底解説！

高橋知音 監修
信州大学学術研究所（教育学系）教授

ISBN978-4-06-537609-6

講談社 健康ライブラリー スペシャル

『発達障害の子の感覚遊び・運動遊び』
感覚統合をいかし、適応力を育てよう 1

木村順 監修
作業療法士

手先が不器用な子、姿勢が悪い子、
落ち着きがない子、拒否が多い子など、
感覚面・運動面の悩みを抱える子どもたちのために、
その悩みの解消に役立つ遊びを紹介しています。
遊びを活用することで、子どもたちは
楽しみながら全身を使い、感覚の働かせ方、
体の動かし方を学ぶことができます。
特別な道具を使わず、すぐにはじめられる遊びを
一五種類、掲載しています。

①手先を使う遊びを多数、紹介

②バランス遊びをくわしく解説

『発達障害の子の読み書き遊び・コミュニケーション遊び』とあわせてご覧ください。

ISBN978-4-06-259654-1